教育部哲学社会科学研究重大课题攻关项目
"女性高层次人才成长规律与成长路径研究"
（项目批准号：10JZD0045-2）

教育部哲学社会科学研究重大课题攻关项目
《女性高层次人才成长规律与发展对策》系列丛书
主编 罗瑾琏

驱动女性领导者职业成功的组织情境

肖薇 罗瑾琏 著

WOMAN

中国社会科学出版社

图书在版编目（CIP）数据

驱动女性领导者职业成功的组织情境/肖薇，罗瑾琏著 . —北京：中国社会科学出版社，2015.4

（《女性高层次人才成长规律与发展对策》系列丛书）

ISBN 978 – 7 – 5161 – 5839 – 5

Ⅰ.①驱… Ⅱ.①肖… ②罗… Ⅲ.①女性—领导者—职业—成功—研究 Ⅳ.①C913.2

中国版本图书馆 CIP 数据核字（2015）第 063894 号

出 版 人	赵剑英	
责任编辑	王　曦	
责任校对	周晓东	
责任印制	戴　宽	

出　　版	中国社会科学出版社	
社　　址	北京鼓楼西大街甲 158 号	
邮　　编	100720	
网　　址	http://www.csspw.cn	
发 行 部	010 – 84083685	
门 市 部	010 – 84029450	
经　　销	新华书店及其他书店	

印　　刷	北京君升印刷有限公司
装　　订	廊坊市广阳区广增装订厂
版　　次	2015 年 4 月第 1 版
印　　次	2015 年 4 月第 1 次印刷

开　　本	710×1000　1/16
印　　张	10.75
插　　页	2
字　　数	205 千字
定　　价	39.00 元

前　言

　　随着社会的发展以及组织的变革，女性地位得到了巨大的改善。越来越多的女性步入职场，女性人才或是成为公司董事会成员，或是成为大型公司的总经理，甚至作为杰出的组织领导定期出现在期刊的封面上，而这些女性所承载的女性领导力也正在迅速成为推动组织发展的重要力量。《财富》500强数据表明，目前企业最高收入前五位中至少包含一位女性的公司数目已经是1995年的两倍，并且，拥有女性高层管理者的公司数目首次达到了一半以上。但是，真正能坐上高管职位的女性仍然是凤毛麟角。在《财富》500强企业的高层经理中女性仅占15%左右，而在首席执行官、总裁、执行副总裁和首席运营官中女性仅占2.2%；《金融时报》500强企业的首席执行官中女性仅占1.8%。国内有调查结果显示，我国上市公司中层经理层级中男性比例约为57.9%，女性约为42.1%，但高层经理层级中，男性的比例高达83.4%，而女性仅为16.6%。我们不禁要问，为什么走上高管职位的女性屈指可数？女性难以登上权力巅峰的真正原因是什么？

　　近年来，工作场所的女性职业发展问题成为组织行为学和人力资源管理领域研究的一个重要问题。现有组织中的性别研究表明，至少有三个方面的性别差异为将女性职业生涯成功单独作为重点进行研究提供了令人信服的证据，这三个因素包括：第一，家庭责任对男性和女性职业发展的影响不同（Burke，2002）；第二，女性在组织高层相对较低的比例限制了其职业生涯发展（Miller，1976；Kanter，1977；Ely，1995）；第三，女性职业心理相关研究表明女性独有的关系导向贯穿其整个职业生涯发展过程，且主要适用于私人领域的女性传统的关系技能和行为表现被证明在现代工作场所中是有效的（Gilligan，1982；Fletcher & Bailyn，1996）。事实上，男性和女性的职业发展差异不仅来源于不同性别的发展差异，更受到社会化过程的影响。有研究指出，男性社会化的方式和角色使得他们自然而然地开发和创建了各种组织类型，其文化也都反映的是男性的价值观和发展需求（Acker，1990；Martin & Meyerson，1998）。Ely 和 Meyerson（2000）研究指出，正式政策、规范，非正式的工作互动模式及其语言表达等诸如此类的组织实践，都是反映和支持男性工作和生活经验的，从而成为男性维持自身权力和利益的有效工具。由此可见，看似性别中立的组织文化及实践成为阻碍女性职业生涯发展的重要而易被忽视的情境因素。

本书从管理研究和性别研究双重视角出发，综合质性研究、实证研究和案例研究等多种研究方法，在准确界定和理解性别化的组织情境及女性领导者职业成功的基础上，探究组织情境驱动女性领导者实现职业成功的作用机制。具体解决以下几方面的问题：（1）从管理研究的角度来看，哪些组织情境因素会影响女性领导者的职业生涯发展？性别化的组织情境其内容和结构如何？（2）女性领导者职业成功的内涵是什么？具有哪些特征？如何对女性领导者的职业成功进行度量？（3）基于社会交换理论和社会认同理论，通过引入内部人身份认知和性别身份认同这两个组织和群体身份的中介作用，探究性别化的组织情境如何驱动女性领导者实现职业成功？（4）为了让更多女性管理者走上领导岗位并实现职业成功，组织层面应实施哪些变革？

本书的主要结论和理论创新之处体现在如下几个方面：

（1）现有的性别管理研究中大多聚焦心理、价值观等内在因素以及社会层面传统性别规范和角色对女性领导者职业成功的影响，对女性领导者职业生涯发展所处组织情境的性别属性缺乏深刻的认识，本书通过识别驱动女性领导者职业成功的组织情境因素，解构性别化的组织情境的结构，提出了驱动女性领导者职业成功的组织情境因素模型，并开发和验证了性别化的组织情境的测量量表，为组织中的性别研究提供了工具支持。

（2）就以往组织中的性别差异研究而言，大部分文献都聚焦于探究是否存在性别差异以及存在哪些性别差异，而非挖掘为什么存在这些差异以及组织情境对性别差异的作用。本书通过将组织情境与组织中的性别差异相联系，不仅识别了组织情境下男女两性领导者的性别差异，而且对"性别差异是如何在组织情境中形成并演化"给出了清晰的解答。

（3）研究表明，性别化的组织情境下正式政策、规范，非正式的工作互动模式及其语言表达等组织实践，都是反映和支持男性工作和生活经验的，从而女性替代性的经验、思考方式及其心声被忽视了。本书在梳理现有女性职业生涯发展与职业成功相关研究的基础上，结合质性研究和定量研究，构建并验证了女性追求职业竞争力、内心满足感、关系网路、工作—家庭—自我平衡等内在的职业成功，不仅摆脱了男性传统职业理论框架的束缚，而且拓展了现有女性职业理论的边界。

（4）尽管越来越多的学者和管理者开始意识到组织情境对女性领导者职业生涯发展的重要性，但是对于组织作为社会代理人其情境特征对女性身份建构及其职业生涯发展过程的作用机制还缺乏系统的了解。本书将内部人身份认知和性别身份认同两个组织群体身份概念作为中介变量，构建并验证了组织情境驱动女性领导者职业成功的作用机制，为从根本上解决女性高端缺失问题寻找到了理论突破口。

（5）尽管那些致力于挖掘和培养女性领导者的组织及其管理者们，提出了一系列组织干预措施，但这些治疗方案总是治标不治本，并不能从根本上改变女性的边缘化地位；更严重的是，这还会将人们的注意力和资源引向一些次要的方面，而不是采取更能切中要害的组织变革。本书在归纳组织情境下女性领导者职业成功的规律的基础上，从管理哲学审视、管理理念转变以及组织实践变革三个方面对驱动女性领导者职业成功的组织变革进行了全面深入的剖析。

肖薇、罗瑾琏
2015 年 2 月 8 日

目　录

绪　论

一　本书研究的目的和意义

随着社会的发展以及组织的变革，女性地位得到了巨大的改善。越来越多的女性被纳入到工作场所中，有些女性或是成为公司董事会的成员，或是成为大型公司的总经理，甚至作为杰出的领导定期出现在杂志的封面上，而这些女性所承载的女性领导力也正在迅速成为推动组织发展的重要力量。毫无疑问，在提升"玻璃天花板"——不利于女性获得高层职位或更高薪酬水平的显性或隐性组织障碍的高度方面女性已经取得了长足的进步。有研究数据表明，现在《财富》500 强企业最高收入前五位中至少包含一位女性的公司数目已经是 1995 年的两倍，并且拥有女性高层管理者的公司数目首次达到了一半以上。

然而统计数据同时还表明，关于性别平等方面的进步仍然还很小，很多还只停留在表面，真正能坐上高管职位的女性仍然是凤毛麟角。据统计，在《财富》500 强企业的高层经理中女性仅占 15% 左右，而在首席执行官、总裁、执行副总裁和首席运营官中女性仅占 2.2%；欧洲的情况也不乐观，尽管在所有管理岗位中女性占三分之一左右，但在《金融时报》500 强企业的首席执行官中女性仅占 1.8%，而公司的股东成员中女性也只有 10% 左右。国内有调查显示，我国上市公司经理层级上男性比例约为 57.9%，女性为 42.1%，但到了总经理层级中，男性的比例高达83.4%，而女性仅为 16.6%。我们不禁要问，为什么走上高管职位的女性屈指可数？女性难以登上权力巅峰的真正原因是什么？

近年来，工作场所的女性职业发展问题成为组织行为学和人力资源管理领域研究的一个重要问题。现有组织中的性别研究表明，至少有三方面的性别差异为将女性职业生涯成功单独作为重点进行研究提供了令人信服的证据：第一，家庭责任对男性和女性职业发展的影响不同（Burke，2002）；第二，女性在组织高层相对较低的比例限制了其职业生涯发展

（Miller, 1976；Kanter, 1977；Ely, 1995）；第三，女性职业心理相关研究表明女性独具的关系导向贯穿其整个职业生涯发展过程，且主要适用于私人领域的女性传统的关系技能和行为表现被证明在现代工作场所中是有效的（Gilligan, 1982；Fletcher and Bailyn, 1996）。尽管学术界关于男女两性领导者职业成功的差异性已经形成了一致的看法，但是对女性领导者职业成功概念还没有形成较为一致的界定。

在探索女性"高端缺失"原因方面，社会学领域关于性别平等的开创性研究（Podolny and Baron, 1997；England, 1984；Reinharz, 1992；Ridgeway, 1993；Weick, 1984；Martin, 1994）对我们很有启发意义，他们认为工作和家庭被历史性地分割开来，其中男性在公共领域的工作和事业管理方面占据优势，而女性则在私人领域的家庭事务处理方面占据优势。久而久之，公共和私人两个领域就演变成了性别化的领域，即男性化的特质和技能适用于公共领域，女性化的特质和技能则适用于私人领域。由此可见，男性和女性的职业发展差异不仅来源于不同性别的发展差异，更受到社会化过程的影响。

进一步分析，男性社会化的方式和角色使得他们自然而然地开发和创建了各种组织类型，其文化反映男性的价值观和发展需求（Acker, 1990）。Martin 和 Meyerson（1998）认为近年来组织自身的改变很有限，罕见女性被提拔到组织高层，且晋升到组织高层的女性很少被授权。Ely 和 Meyerson（2000）研究指出，正式政策、规范，非正式的工作互动模式及语言表达等组织实践，都是反映和支持男性工作和生活经验的，从而成为男性维持自身权力和利益的有效工具。经过文献梳理我们发现，在关注男女两性职业生涯发展差异的文献中，仅有 17% 左右的研究关注的是职业生涯发展差异的形成机制而非差异本身，12% 左右的研究聚焦组织特征在以上差异形成过程中的作用。因此，看似性别中立的组织文化及其实践成为阻碍女性职业生涯发展及成功的重要却易被忽视的情境因素。

本书从管理研究和性别研究双重视角出发，综合质性研究、实证研究和案例研究等多种研究方法，在准确界定和理解性别化的组织情境及女性领导者职业成功的基础上，探究组织情境影响女性领导者实现职业成功的作用机制，提出驱动女性领导者职业成功的组织变革，具体解决以下几方面的问题：（1）从管理研究的角度来看，哪些组织情境因素会影响女性领导者的职业生涯发展及成功？或者从性别研究的角度来看，性别化的组织情境其内容和结构是什么样的？（2）女性领导者职业成功的内涵是什么？具有哪些特征？如何对女性领导者的职业成功进行衡量？（3）基于社会交换理论和社会认同理论，通过引入内部人身份认知和性别身份认同这两个组织和群体身份的中介作用，探究性别化的组织情境如何影响女性领导者实现职业成功？（4）为了驱动更多女性实现职业成功组织应实施哪些变革？以上研究结论不仅在一定程度上弥补了以往组织情境下女性领导者职业生涯发展研究的不足问题，也为组织及其管理者们如何开发和挖掘女性领导者的潜能，帮助更多的女性人才成为高层领导者提供了可供借鉴的理论依据。

二　本书研究的方法

李怀组（2004）强调科学研究的重复性原则要求研究过程必须结合多种分析方法，以保证研究结论的准确性。本书依据研究目的和内容，遵循质性研究和定量研究相结合的原则，主要采用了如下几种研究方法：

（1）文献研究：本书通过对组织中的性别、性别差异及其情境研究、女性领导力理论与发展、女性职业生涯发展及成功等研究的系统梳理，发现现有文献研究的进展与不足，在理论总结和拓展的基础上，构建了本书的基本技术路线和研究框架。

（2）质性研究：本书收集了来自深度访谈、焦点小组讨论和文档资料三角验证的数据资料，并严格遵守 Glaser 和 Strauss 的三级编码程序对以上资料进行了系统编码，最终识别出了影响女性领导者职业成功的组织情境因素及其结构，提出了女性领导者职业成功的组织情境影响因素模型；与此同时，通过深度访谈、焦点小组讨论和现场观察收集大量一手资料，经过系统性主题编码方法，识别女性领导者职业成功特征的基本维度，并构建女性领导者职业成功特征的理论模型。

（3）扎根理论：扎根理论方法是质性研究中较科学的一种方法，最早由社会学者 Galser 和 Strauss 在 1976 年提出，是一种运用系统化的程序，采用归纳的方法对现象加以分析整理所得的结果，经由系统化的资料搜集与分析而发掘、发展，并已暂时地验证过的理论，本书基于扎根理论，资料的收集、整理和分析是一并发生、同时进行、连续循环的过程，最终识别出了影响女性领导者职业成功的组织情境因素及其结构，提出了女性领导者职业成功的组织情境影响因素模型。

（4）内容分析：内容分析技术是通过定量的方法来分析定性的问题，

以材料内容"量"的变化来推论"质"的变化，在小样本问卷调研、半结构化访谈和参与性观察的基础上，本书采用内容分析法对收集到的关于女性领导者职业成功的一手资料进行了更加细致深入的分析和提炼，在具体操作中，我们遵循了资料获取、编码分析、信效度检验、数据分析和理论建构等研究流程进行内容分析。

（5）实证分析：为了验证本书建构的"女性领导者职业成功的组织情境影响因素模型"和"女性领导者职业成功的理论模型"，进而开发性别化的组织情境以及女性领导者职业成功测量量表，本书在两阶段问卷调查的基础上，采用描述性统计分析、相关性分析、探索性以及验证性因子分析对以上概念模型及其量表进行了检验；进一步，本书在大样本问卷调研的基础上，采用描述性统计分析、相关性分析、结构方程模型、回归分析等统计方法对性别化的组织情境对女性领导者职业成功的作用机制进行了验证。

三 本书的创新之处

通过对性别化的组织情境及其对女性领导者职业成功的作用机制的深入探讨，本书的主要创新之处主要体现在如下几方面：

（1）现有的管理学性别研究中过多的文献聚焦心理、价值观等内在因素以及社会层面传统性别规范和角色对女性领导者职业成功的影响，对女性领导者职业生涯发展所处组织情境的性别属性缺乏深刻的认识，但是如果不承认组织情境下性别概念背后所反映的一系列社会关系及其互动本身并非性别中立的，那么就很难对组织情境进行改革。本书在文献综述的基础上，通过识别影响女性领导者职业成功的组织情境因素，解构了性别化的组织情境的内容及其结构，并开发和验证了性别化的组织情境的测量量表，为后续组织中的性别研究提供了重要的理论启发和工具支持。

（2）就组织中的性别差异研究而言，大部分文献都聚焦于探究是否存在性别差异以及存在哪些性别差异，而非挖掘为什么存在这些差异以及组织情境对性别差异的作用。本书通过将组织情境与组织中的性别差异相联系，不仅识别了组织情境下男女两性领导者的性别差异，而且对"性别差异是如何在组织情境中形成并运作"给出了清晰的回答。

（3）女性领导者的参与及其差异化的价值观、情感和行为对工作团队与整个组织带来的价值渐渐引起了学术界的关注。本书通过厘清组织情境、女性领导者职业成功和组织有效性三者的关系，证明了性别平等的组织情境不仅有利于女性领导者成长，更有利于充分发挥开发和利用男女两性领导者的性别差异，实现组织效用最大化，从而为女性领导者的组织贡献而非一味地要求组织给女性以特殊支持创造很好的理论空间。

（4）性别化的组织情境下正式政策、规范，非正式的工作互动模式及其语言表达等诸如此类的组织实践，都是反映和支持男性工作和生活经验的，从而女性的经验、替代性思考方式、女性的心声被忽视了。本书在梳理现有女性职业生涯发展与职业成功相关研究的基础上，结合质性研究和定量研究，构建并验证了女性追求包括组织内外职业竞争力、内心满足感、关系网路、工作—家庭—自我平衡等内在的职业成功，不仅摆脱了男性传统职业理论框架的束缚，而且拓展了现有女性职业理论的边界。

（5）尽管越来越多的学者和管理者开始意识到组织情境对女性领导者职业生涯发展及成功的重要性，但是对于组织作为社会代理人其情境特征对女性身份建构及其职业生涯发展过程的作用机制还缺乏系统的了解。本书将内部人身份认知和性别身份认同两个重要的组织或群体身份概念引入作为重要的中介变量，构建并验证了组织情境对女性领导者职业成功的作用机制，从而对组织中的性别研究奠定了理论基础，也为实践中从根本上解决女性高端缺失问题寻找到了理论突破口。

四　本书的逻辑结构和章节安排

本书主要分文献回顾、核心概念理论模型的建构、核心概念量表开发与验证、关系模型开发与验证、管理变革几部分完成，本书的逻辑结构如下页图所示）。

按照以上逻辑结构，本书共分为 7 个主要的章节，各个章节安排如下：

第一章首先对与组织情境下女性领导者职业成功有关的理论和文献进行梳理，比如，组织中的性别、性别差异及其组织情境研究，女性领导者的组织价值与贡献理论，影响女性领导者职业生涯成功的因素，阐明研究问题的理论背景、对本书研究的理论铺垫及其研究不足。

第二章通过对近 30 年核心期刊研究文献的梳理，概括出女性职业成功的研究共识，相对应地还发现了女性职业成功的研究悖论，有助于本书研究问题的明晰以及理论模型的构建。

第三章基于扎根理论的女性领导者职业成功的组织情境影响因素模型构建。这一章在梳理后结构主义理论、组织中的性别概念界定和女性领导

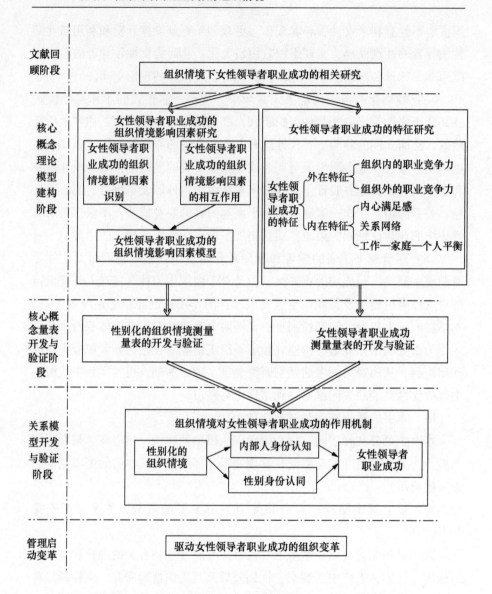

者职业生涯成功影响因素三部分研究文献的基础上，试图采用质性研究方法，基于扎根理论，通过系统的主题编码和文本分析，试图构建驱动女性领导者职业成功的组织情境影响因素模型。

第四章性别化的组织情境量表开发。在基于扎根理论构建的女性领导者职业成功的组织情境影响因素模型基础上，本章编制性别化的组织情境量表，通过探索性因子分析（EFA）初步验证性别化的组织情境的构思效度，并通过验证性因子分析（CFA）来验证本书开发的性别化的组织情境量表具有良好的信度和效度。

第五章对女性领导者职业成功的内涵、特征、评价标准及其测量进行研究。这一章首先对国内外女性领导者职业生涯发展相关研究进行梳理，归纳出女性领导者职业成功的主要特征，以此为基础，采用质性研究方法，经过深度访谈、焦点小组讨论以及现场观察等收集一手资料，采用内容分析技术，经过系统性主题编码方法，识别女性领导者职业成功特征的基本维度，并构建女性领导者职业成功特征的理论模型。

第六章在女性领导者职业成功特征理论模型的基础上，参考现有研究文献中对女性领导者职业成功的理论描述和部分量表，开发女性领导者职业成功的测量量表，并通过探索性因子分析和验证性因子分析对其进行验证。

第七章构建并验证组织情境对女性领导者职业成功的作用机制。通过引入内部人身份认知、性别身份认同这两个中介变量，构建了性别视角下组织情境对女性领导者职业成功的影响机制理论模型，通过大样本问卷调查，采用描述性统计、相关性分析、回归分析以及路径分析等方法，对以上理论模型进行了验证。

第八章对全书的内容及研究结论进行总结，并对本书中有待进一步深入研究的地方提出后续研究的方向和展望。

第一章 组织情境下女性领导者职业成功的研究脉络及理论基础

第一节 组织中的性别、性别差异及其情境研究

一 组织中的性别研究脉络

尽管组织行为科学和心理学研究中，早就注意到两性的行为差异，但直到 20 世纪 70 年代末 80 年代初，针对组织中的性别及其差异的研究才出现，并成为管理科学的重要研究领域之一。其重要标志是哈罗德·孔茨的经典著作《管理学》第 9 版，在这一版里，孔茨新加入了 9 个方面的课题，其中第二个为"女性在管理中作用的重要性"，并且在第一章、第十二章和第二十五章中有所论述。随着人们对组织性别概念内涵理解的深入，组织情境下的性别研究分别基于如下的四种基本书假设：

假设 1：性别是源于生理的个体特性或个人属性；

假设 2：性别过程多数发生在组织外部；

假设 3：性别作用能从情境因素中分离出来；

假设 4：性别作用嵌入在情境因素且难以从中分离出来（具体研究脉络整理如表 1－1 所示）。

首先，Constantinople（1973）最早认为性别在很大程度上是根植于解剖学、生理学和早期经历之中，并在外貌、价值观和行为上将两性区分开来的那些相对稳定的"个体特征"与"个体属性"。这种语言的使用表明，此类研究预设的性别差异假设往往都是源于先前发现的性别差异相关维度，从而缺乏理论原理支撑；持这种假设的研究也很少讨论，或者只是粗略地讨论性别差异是如何形成与发展的，从而将它们与性别差异社会建

构理论区分开来。沿着性别差异源于个体特征与属性的研究假设，笔者认为男女两性在本质上没有区别，女性缺乏的是关于"如何游戏"的规则和技能，进而通过培训和指导等途径可以开发女性的技能，而全然不顾关于"如何游戏"的知识和技能完全是基于男性经历和经验建立起来的。

Constantinople 的观点并没有得到更多学者的赞同，多数性别差异研究认为性别是在社会化过程中产生和发展起来的，而在承认性别及其差异社会嵌入属性的研究文献中，多数为组织外生性过程所吸引，认为性别的形成与发展过程大多发生在组织外部，比如：Cheryl 和 Ellis（1998）的社会化过程，Kazdin（2000）的社会性别角色、社会权力分配等。Alvesson 和 Billing（1997）指出，通过假定成人是稳定的、完全社会化和自主的个体，这些研究忽视了社会化过程在组织中的存留，忽视了组织环境中的工作互动能强化或削弱与性别有关的行为模式及其文化意义，从而对性别差异的整合起到促进或抵制的作用，这也排除了从性别视角重新界定和划分组织情境的可能性。沿着组织是性别中立或去性别差异的研究假设，部分研究甚至认为组织环境正在朝着对女性有利的方向发展，殊不知所观察到的男女两性之间的相似性或许是由于男性和女性都必须遵守主流（男性主导的）工作规范和期望所导致的结果。

另外，Witt 和 Nye（1992）研究认为由于不同性别不仅是由其生理特征决定，而且需要符合一定的社会规范和期望，因此性别差异包括男女两性所持的不同价值观、人格特质和社会行为模式等，从而关注个体生理因素和情境因素的共同作用，并认为生理性别因素作用能与包括社会环境和个体层面等情境因素在内的作用机制中分离开来。基于这一研究假设，学者们认为性别差异源于组织评估、待遇和机会等组织情境性因素，进一步，性别差异化资源、权力和机会等的结构性障碍导致男女两性的不平等。

近年来，越来越多的性别研究者开始关注组织这一微观情境对性别及其差异形成的作用过程。Kanter（1977）的开创性研究以及很多其他研究对性别差异的理解的研究假设提出了挑战：性别本身是不是导致男女两性可见差异的真实因素，抑或是否存在某些情境因素或个体因素伪装成了性别作用？通过将性别解释与其他因素区别开来，此类研究忽视了性别的替代因素也具有性别印迹的可能性；进一步，既然性别嵌入在替代性解释中，那么它们对男女两性的影响及其动态表现就不是平行的，男性和女性各自的反应也就不具有对称性。Kanter（1977）的开创性研究以及 Alvesson

表1-1　　　　　　　　　　组织中的性别研究脉络

研究假设	性别概念界定	研究问题	研究视角	组织变革措施	优点	缺点
假设1：性别是源于生理的个体特性或个人属性	解剖和生理的性别差异	女性缺乏"如何游戏"的技能和知识	模糊化男女两性性别差异或女性被同化为男性	通过培训和指导等途径开发女性的技能	能够帮助个别女性实现成功，从而创造角色模范作用	使得男性标准和系统完好无损；责怪女性为问题资源
假设2：性别过程多数发生在组织外部	社会化的性别差异	女性的价值没有被尊重和认可	认可、尊重并感知差异	多元化培训；奖赏和鼓励女性差异化的方式	使得女性方式合法化；多元化的内涵更加丰富	强化了性别刻板；对产生性别差异的组织过程缺乏关注
假设3：性别作用能从情境因素中分离出来	评估、处理和机会的性别差异	权利和机会结构的不同导致女性拥有不平等的资源和机会	通过结构性偏见和障碍的排除能为女性职业晋升提供机会	弥补结构性障碍的组织政策，如积极行动、家庭友好措施等	对招募、保留和提升女性有帮助；减轻女性的工作—家庭压力	对组织文化的作用微乎其微，工作—家庭仍然是女性的问题
假设4：性别作用嵌入在替代性解释中，难以从情境因素中分离出来	由社会实践转载和复制的社会关系	男性占优的组织实践看起来是性别中立的	识别和修正压抑的组织实践能重构性别系统	对组织内部存在的看似公平的日常工作惯例和做法采取渐进式变革	通过持续的学习能将看似性别中立的组织实践暴露出来，进行组织变革	拒绝深层次的变革；难以长时间保持

和Billing（1997）的研究均强调，通过假定成人是稳定的、完全社会化和自主的个体，忽视了社会化过程在组织中的存留，忽视了组织环境中的工作互动能强化或削弱与性别有关的行为模式及其文化意义，从而对性别差异的整合起到促进或抵制的作用，这也排除了重新界定组织情境下性别概念的可能性。

对现有组织中的性别研究假设及其理论框架梳理表明，越来越多的组织中的性别研究不仅尊重和认可男女两性的性别差异，更加意识到性别解释与其所在的情境因素很难区别开来，即性别的替代性因素也具有性别印迹的可能性。最新的组织中的性别研究强调，研究关注的焦点不是在性别差异本身，而是导致性别差异的组织社会化过程，尤其是组织情境中的文化与实践在人们性别差异主观经验与感知形成过程中的作用，从而为从性别视角出发，剖析组织情境及其管理实践提供了基本的假设前提。

二　组织中的性别差异研究进程

性别研究者普遍认为性别是一个社会建构，而不是个体固有属性，是社会制度派生出来的一个概念。和民族、种族、阶层等系统一样，性别也是与不平等联系在一起的，并通过以下途径或形式得以形成和体现：社会资源的分配、组织科层结构和工作场所互动实践、家庭劳动分工以及人们对作为性别个体所赋予的意义和价值，从而组织情境造就了两个看起来显著不同的人群——男性和女性，其差异主要体现在特质、心理及行为三个方面。

1. 性别特质差异

研究发现，如果认为人的性别特质的确是人在组织内是否能成功的一个影响指标的话，那么某些女性的特质对人的成功是有害的，而有些男性特质则是有益的。有害的女性特质包括被动性、依赖性、感性化以及顺从和任人摆布；有利的男性特质包括好斗性、独立性、支配性、强有力以及理性。社会文化环境造成了女性善于表达，善于建立联系和关系等在沟通和交流环境中的优势，也造成了男性在组织环境中的优势，如独立性、自主性等。这就形成了女性在工作相互交往中的特定的素质，如柔性和脆弱性、心领神会和容易给别人授权等。这些特征表现在管理上具有不同的含义。

2. 性别心理差异

女性具有较强的亲和力，可灵活地处理与各成员间的关系，调节团队的气氛，调动大家的积极性，增强团队的凝聚力，这对于提高团队的工作效率和工作效果是至关重要的。用 Connell（1987）的话说，这反映了两套完全不同的联想体系：一套是社群性（communal）的，另一套是个体性（agentic）的。女性被认为具有社群性特质，待人接物常常为他人着想，具体来说，她们富有爱心和同情心、乐于助人、友好善良，在人际交往中表现得敏感、温雅、言语温和；与此相对应的是，男性被认为具有个体性特质，更具决断性和支配力，他们富有攻击性、雄心勃勃、有统治力、自信、强硬，同时更倾向于独立自主和我行我素。由于女性比男性更为敏感这个心理特点，女性从事的主要职业广泛地分布于医药、文教、卫生等行业中，这些行业的服务对象需要女性的细心、温柔及善解人意，而这些一般是男性所不具备的。具体在某一个组织中，女性的这种心理特点也有利于她们敏锐地捕捉到同事的心理状态、行为目的等。

3. 性别行为差异

受男女两性的社会角色规范的影响，人们一般认为男性处理公共领域工具性事务的能力与女性管理私人领域家庭情感方面的能力刚好形成互补，从而男性被认为比女性更有工作能力，更富进取心和竞争意识，于是男性比女性被赋予了更多的发展机会，比如，晋升机会、培训机会和可见的工作任务。与此一致，人们将对工作和职业的期望主要放在男性身上，而对家庭和生活的期望主要依赖于女性，于是很多女性降低甚至放弃了对自己的要求，比如，有的女性上升到一定的管理层就认为已经足够了，她的表现反而不如从前出色，达不到组织的期望；女性在接受相关的培训后，其效果往往不如男性。归根结底，男女两性差异化的组织行为还是和其社会角色规范和期望有关，女性还是要比男性承担更多的来自家庭和社会的压力，对于很多女性来说，事业与家庭或许是一对永远的矛盾。

三 性别视角下组织情境研究的历史沿革

性别视角下的组织情境研究可以追溯到"玻璃天花板（glass ceiling）"概念的提出。"玻璃天花板"一词最早出现在 1986 年《华尔街日报》的一篇由 Hymowitz 和 Schellhardt 撰写的关于公司中女性的报道，用来指工作在公司、政府、教育和非营利组织中的女性在努力或渴望获得高层职位和更高薪酬水平时所遇到的组织障碍。由此，人们对"玻璃天花板"的成因以及如何打破"玻璃天花板"的关注引发了性别视角下组织情境的研究热潮。随着人们对组织性别概念理解和组织中的性别差异研究的逐渐深入，基于性别视角的组织情境研究大致形成了如下四个研究范式：（1）同化女性；（2）尊重女性；（3）创造平等的机会；（4）评估和调整组织性别文化与实践。

其一，同化女性，所谓同化女性是指公司鼓励女性被同化，即模仿更多男性的特点和学会融入男性的世界。秉持"男主外，女主内"的传统性别观念，认为理想的员工（往往是男性）应当将工作置于首位，而女性员工具有较低的工作承诺，如果女性想要获得组织及其他成员的认可，就需要适应男性占优势的企业文化或环境，于是鼓励女性进入高尔夫球等男性领导者俱乐部；由于长期以来占据高层职位的往往是男性，于是人们将男性和领导者的形象往往混为一谈，不加区别，组织及其管理者们更多地认为女性缺乏成为高层领导者的能力，于是人力资源部门会就果断领导、制定决策等方面对女性进行培训。人们不仅基于性别刻板印象对男女两性进行评价和感知，而且还要求男女两性遵循传统性别规范，否则会受到相应的惩罚。于是更多的女性将男性管理风格和模式作为标准参照对象，并在平时的工作互动中有意无意地模仿更多男性的特点、气质和行为；男同事们则会带女同事参加他们的午餐俱乐部，训练她们在会议上毫不犹豫地表达自己的想法，并建议她们接受公司内外那些"硬汉们"才会接受的工作任务。Ragins 等（1998）曾提出打破"玻璃天花板"的策略，即女性主管必须形成一套让男性同事或下属觉得自在的专业领导风格，并适应男性占优势的企业文化或环境，当遇到需要处理的情况时，可将男性管理模式作为参照标准对象。就第一种范式来说，虽然很多女性经理可以打高尔夫、参加午餐俱乐部，并利用在这些场合形成的人际关系晋升到权力更高的职位，也可以接受领导力培训获得相应的领导技能，但这些新的技能和经验绝对无法消除那些阻碍绝大多数女性的、公司内部的、根深蒂固的、体制性的因素。

其二，尊重女性，即公司会尊重和照顾一些女性所特有的需要和情况。为了减少"男主外，女主内"的传统社会性别观念和家庭分工可能对某些具备发展潜力的女性人才造成的伤害，公司提供相对弹性的工作模式以尊重和照顾一些女性所特有的需要和情况，比如，将生小孩的女职员的任期增加一年，为女职员提供更长的产假、弹性工作日，甚至育婴室等，同时考虑到传统家庭分工可能大大减少的女性非正式社会关系网络构建和维持的时间、精力，甚至专门开设一些正式的顾问项目对女性被排斥在非正式交际圈之外的现象进行补偿。与此同时，组织及其管理者们意识到了男女两性不同气质可能给组织带来的价值，为了发挥女性人才的优势，他们将女性雇员安排在某些职位上，比如，让她们将产品推销给女性客户或负责人力资源部门的工作，希望这样可以发挥女性的优势（颜士梅、颜士之、张曼，2007）。在中高层管理职位上也通过多种手段鼓励更多女性参与，比如，在高管接班人竞聘和选拔中要求做到多元化，通过提起诉讼惩戒首席高管选拔中的性别歧视行为等，以发挥她们的才能，从而在企业或组织中绝对不能失去任何一位有发展潜力的女性，因为她们会成为企业的核心竞争力之一（Morrison，1992）。而通过特殊的政策和利益对女性进行特殊照顾的第二种范式也存在问题，它给了女性一副高跷，但踩高跷的场地仍然是崎岖不平的。例如，顾问项目也许能帮助女性和公司内的一些高层人物见面，但这并不能真正地决定哪些人得到资源、信息和机会；提供方便女性照顾家庭的项目不会改变人们关于平衡工作和家庭主要是女性的责任的观念；而将任期增加一年或者提供可供选择的职业发展道路也不会改变另外一种观念，即那些真正有责任心的员工总是将工作放在第一位，她们是不需要受到照顾的。

其三，创造平等的机会，此时公司不仅会对女性进行同化或者照顾，而且它们更强调女性雇员为公司带来新的特点，试图为有潜力的女性员工提供和创造更为平等的发展平台。与组织基于性别刻板印象对男女两性进行评估和感知不同的是，组织鼓励各种形式的女性群体组织，并利用该非正式组织了解并发出女性的心声。与此同时，在组织各管理层储备和竞聘中对性别多元化做出规定，以保证女性职业生涯通道的通畅；就男女两性差异化工作能力和工作行为而言，与对男女两性不同的工作能力和行为给予不同的认可和奖励不同的是，组织认识到女性关系型工作偏好及其行为的意义和价值，比如，赞扬女性在增强团队凝聚力方面所起到的作用，更重要的是，组织还鼓励作为另一半的男性参与进来，安排一些敏感性培训帮助男性经理认识一些传统女性活动或工作方式的重要性，如倾听和合作等（郑向敏、刘丹，2010），从而更好地了解并走进女性的价值世界。第三种范式的局限性也很明显，告诉人们去"重视女性的特点"，并不意味着他们一定会这样去做。这就是为什么许多女性受鼓励使用女性的工作技能和方法，结果却发现她们的努力仅在最无足轻重的地方受到重视。例如，公司会赞扬女性在增强团队凝聚力方面所起到的作用，甚至会说："没有你们，我们是无法成功的"，但在晋升和奖励的时候，得到的人却是那些武断推广自己的想法或曾经提出过某种技术性方案的"强势的家伙"。最终，这种赞扬的方法会将女性安排在那些没有发展前途的职位上，从而进一步阻碍了女性的职业发展。

其四，评估和调整组织性别文化与实践。对前三个研究范式及其理论框架有效性的质疑表明，男女两性的性别差异嵌入在组织情境中，从而组织情境下的性别本身反映的是组织环境中一系列复杂的社会关系及其互动。于是为了帮助更多女性成为高层领导者，充分发挥她们的优势，必须在承认组织情境及其管理实践本身并非性别中立的基础上，评估和调整组织与性别有关的文化与实践，为有潜力的女性员工提供和创造更为平等的发展平台。

我们不仅需要内涵更为丰富的构念对组织情境下的性别进行概念重构，而且更要强调性别视角下组织情境的研究焦点不是性别差异本身，而是导致性别差异的组织社会化过程。House 等（1995）的开创性研究呼吁人们关注中观层面的性别差异研究，从而强调宏观层面的组织特征和微观层面的个体特征之间交互作用的重要性。组织行为领域最新研究也表明，在组织内部的社会化过程中，人们逐渐将性别概念与工作中"我是谁"融合在一起，并产生与性别身份和意义有关的主观感受，从而反映其背后的一套复杂的社会关系。尽管女性差异化的价值观、情感与行为渐渐得到了组织肯定与认可，但是女性仍然仅占公司高层中很小的比例。Ely 和 Meyerson（2000）研究指出，我们应该更加关注组织环境中与性别有关的社会实践，包括正式政策、规范、非正式的工作互动模式及其语言表达，诸如此类的组织实践都是反映和支持男性工作和生活经验的，从而成为男性维持自身权力和利益的有效工具。O'Neil 等（2008）认为既然男性主导的组织文化与实践有利于组织高层乃至整个组织的利益，那么组织就失去了改变现状的动力。正如 Scheins（2007）研究所指出的那样，由"男性更适合管理角色"价值观主导的组织性别文化在过去的 30 年中没有发生根本性的改变。由此，评估和调整组织性别文化与实践，尤其是关注组织文化与实践在人们性别主观经验与感知形成过程中的作用，才是性别视角下组织情境研究的正确而有效的范式。

第二节　女性领导者的组织价值和贡献

随着经济全球化发展和人们对和谐社会发展的需求趋势，劳动力市场的多样化和高素质化已经成为无法阻挡的趋势，人们越来越依赖工作团队解决日益复杂化的经济和管理问题。出于雇员多元化与顾客多元化的匹配，更高效的劳动组合、更高昂的员工士气以及工作好去处等考虑，越来越多的企业关注性别多元化。

一 女性价值观在组织结构设计中的作用

20 世纪 80 年代初，一些组织行为理论学家开始探索女性的价值观与组织结构的关系。他们发现，女性偏爱那些重视人际关系和人际交往的组织。据这些理论家所言，这是由女性社会化的方式决定的："很少有人能够怀疑，在很大程度上，女性的社会化角色是家庭主妇的角色，女性要支持别人，照顾别人，要维系长期的家庭关系，要让家中每一个人都有成就感，并尽可能使个人的利益与大家的利益协调起来。"新组织理论认为：有女性参与的组织结构，可以更"和谐"、"舒适"，有利于组织机构的完善和目标的实现。实业界越来越多的公司认识到尊重性别多元化，尤其是将女性囊括于高管团队之内将有助于提高组织的整体工作绩效和竞争力。

组织社会学家乔伊斯·露丝德（Joyce Rothschild）对女性化组织方面的有关研究进行了归纳和发展，建立了具有 6 个特点的女性化组织（Feminist Organization）模式：

其一，重视组织成员的个人价值。组织成员被当作个体看待，承认她们有自己的价值和需要，而不是把她们看作组织角色的扮演者。

其二，非投机性。组织成员之间的关系被看作成员自身价值的体现与维持，而不仅仅是实现组织目标的手段。

其三，事业成功与否的标志是为别人提供了多少服务。在官僚组织中，成员事业成功的标志是晋升，获得权力，增加薪水。而在女性化组织中，则以为别人提供了多少服务来判断一个人成功与否。

其四，重视员工的成长。女性化组织为成员提供广泛的个人成长机会，这种组织不强调培养专家或开发狭窄的专业技能，而重视拓展成员的技能，增加员工的多种能力。组织不断为员工提供新的学习机会，从而达到上述目的。

其五，创造相互关心的社区氛围。女性化组织成员的社区感很强，彼此关系较密切，且相互信任并彼此照顾。

其六，分享权力。在传统官僚组织中，信息和决策权是大家都渴望拥有但要通过一定的秩序进行分配的。而在女性化组织中，信息资源大家共享，所有可能受一项决策影响的人都有机会参与这项决策。

二　女性化沟通在组织管理中的作用

有研究表明，女性领导者在管理沟通中，有比男性领导者强得多的优势。这一研究的结论已经在实际企业的管理中得到应用，很多企业将人事管理岗位提供给女性，如三资企业中，40% 的人事部经理是女性。现在这种状况有逐年上升的趋势。

Deborah Tannen 的研究有助于理解男女沟通风格的差异和女性在管理沟通中的优势，笔者认为沟通是一种持续稳定的活动，需要熟练的技巧才能解决亲密性和独立性之间的冲突，亲密性强调融洽和共性，独立性则强调不同和差异；对大多数男性来说，交谈主要是保护独立性和维持自己在社会格局中等级地位的手段，而对大多数女性来说，通过沟通发生联系，交谈是寻求亲密关系的谈判，每个人在谈判中都付出承诺与支持；女性使用的语言是建立联系和亲密性的语言，男性使用的语言是建立地位和独立性的语言；男性在沟通中往往过于直截了当，而无法让人接受，而女性则善于委婉地表达自己的观点或看法，容易让人接受。

三　女性化组织文化对经营业绩的作用

Rajvinder 的研究认为，女性进行管理的方法和男性不同，这种"女性"式的管理是基于对世界如何运作的不同假设，这关乎她们在一个组织内如何与人相处及如何看待和履行自己的责任。该观点认为，女性能够感受和同情其他人的想法，女性管理者更注重相对柔性的管理风格，更注重解决员工的实际问题，如育儿托管、在职休假等。女性管理者按她们自己的方式工作，她们努力诱导、说服、促动和培养他人，倾听、理解和重视人们做出的贡献。

亨利预测中心的 Bob Tyrell 预言，从长远来看，工作女性化是未来社会发展的趋向，女性比男子更充分具备集体协同工作、灵活性等素质，这些素质在管理中具有越来越重要的价值。美国管理学会（The Institute of Management）的研究报告《管理走向黄金时代》（*Management into the Millenium*）认为，未来管理者应具备的基本心理素质是，灵活性和适应性（Flexible and Adaptability）、专注精神（Commitment）、精力充沛（High Energy）、对组织变革的敏感性（Sensitive to Organizational Change），所有这些都是参与管理的女性的主要特征，因为她们善于处理社会、工作和家庭各个方面的变化。Janel 等的研究结果表明，一个组织在实现预定的目标方面，将更加依赖集体协同工作，这正是女性管理者的特点——她们更能以身作则，尤其善于建立高效率、有成效的集体，她们的目标是确保在工作场合进行合作而不是竞争。

四　女性领导力对组织有效性的作用

女性领导力是女性领导者实施有效领导所必须具备的能力，它与转型时代未来组织发展新趋势不谋而合，相得益彰，正如现代管理大师杜拉克曾预言："时代的转变正好符合女性的特质。"女性领导力可以从女性领导力模式和女性领导风格两个视角进行分析。

1. 女性领导力模式

随着人们对女性在高层职位中的代表名额不足现象的关注，越来越多的研究者开始探索是否存在一种鲜明的"女性"领导力模式？答案似乎是肯定的。Dennis 和 Kunkel（2004）将女性领导力特征归纳为五个方面：工作场所互动，组织关系呈包容性的蛛网状，全面而多元的思考方式，授权与团队建立，重视员工的教育与成长。童兆颖（2004）认为女性领导力主要表现为核心专业技术能力、敏锐性、进取心、组织力和创造环境能力等几个方面；同时，女性也往往拥有较高的人际交往和沟通能力。聂志毅（2010）认为女性具有敏锐的直觉力、合作天赋、客观务实、关心他人、善于随机应变和精打细算的职业优势。另外，许一（2007）认为柔性化也是女性领导力模式的一个组成部分。一般来说，女性较强的倾听和沟通能力能够符合柔性领导的需求；女性特有的亲和力能够满足追随者得到尊重和认可的需求；善于化繁为简的简约领导能力能够满足追随者自我领导的需求。

相关组织情境下的性别研究还表明，男性传统的任务导向以及管理和控制的领导风格在很多组织情境下已经不再奏效；相反，主要适用于私人领域的女性传统的关系技能和行为导向被证明在现代工作场所中是有效的（Fletcher，1998；1999）。Parker（1997）发现某些组织开始开发关系本质的工作实践，比如，与员工之间建立长期稳定的合作关系，努力提高员工的幸福指数，导师关系建立以及员工对于超越工作描述中有关职责规范的意愿等，而这些公司不仅被证实拥有更高水平的工作绩效，组织公民行为，留职意愿，员工参与和组织公平感知，同时，此类公司中的与员工同事间关系更为和谐，员工工作态度更为积极，且组织承诺水平也相对较高。Fishman（1978）在管理文献综述中指出，与女性相联系的特质与品质，包括分享权力和信息，帮助和开发他人，创建一个彼此联系的关系网网络，越来越多地出现在描述提高组织有效性的方式、方法中。

2. 女性领导风格

随着性别多元化管理实践和理论研究的深入，男女两性领导者差异化的价值观、情感与行为逐渐引起了人们的关注。尽管部分针对女性领导风格的研究认为，男性和女性的领导风格在很多方面是相似的，但是大部分研究还是对男女两性领导风格及其模式存在差异表示了一致认同。较男性而言，女性更偏好变革型（transformational）而非交易型（transactional）领导（Eagly et al. , 2003）；其领导方式更具关系导向（interpersonally – oriented）而非任务导向（task – oriented）（Eagley, Karau and Makhiani, 1995）；同时她们的领导风格更具参与性（participative）和民主化（democratic）（Carless, 1998）。Toren 等的研究将女性的领导风格描述为交互式，即强调建立共识，相互赋权以及分享信息和资源，他们发现女性倾向于鼓励多向反馈，开发以团队为单位同时尊重个人贡献的奖励制度，同时在团队的各个层面鼓励相互赋权；Epstein 和 Olivares（1991）研究发现女性常常采用鼓励包容和合作的整体而面向过程的领导风格；研究还表明，女性倾向于以团体的目标为重，愿意牺牲个人的利益帮助他人，实现组织目标；同时，当遇到麻烦时，她们也期望得到来自群体其他成员的照顾和保护。Helgeesn（1995）通过对多名成功创业女性的观察和访谈，完成了《女性优势——女性领导力一法》一书，书中详细对女性包容性领导风格进行了描述，这种风格不仅使得领导者和下属之间保持较为密切的联系，还可以加深组织和其他成员的亲密关系，同时有利于组织团结合作精神的培养。Epstein 和 Olivares（1991）认为女性的领导风格可以用"互动式领导风格"来概括，她们希望一切活动对于员工和组织本身都是有益的，从而营造一种适合的工作环境和组织文化氛围，最终达到一种"双赢"的结果。Marloes 等（2001）认为最能形容女性领导者的字眼可能是"授权"，其维度包括参与、分享信息和权利、强化他人的价值、促使他人乐于工作。总而言之，女性的领导风格通常比男性更具参与性和协作性，这种差异不见得都是源于性别本身，还可能是因为通过参与式（协作式）领导不仅能展示自己的权威，从而达到相应的成果；同时也不至于显得过于男性化，因为独断专行不符合人们对女性的传统印象。

第三节　组织情境下女性领导者职业生涯成功的影响因素

女性领导者职业生涯成功研究是多学科交叉研究的重要课题之一，国内外诸多学者分别从社会—人口变量、个体特征差异和组织环境等方面对女性领导者职业生涯成功的影响因素进行了有意义的探索研究。经梳理发现，女性领导者职业生涯成功的影响因素主要涉及包括社会性别规范、性别歧视、职业动机、人力资本、社会网路、"玻璃天花板"、导师、工作—家庭平衡等在内的研究构念。

一　社会、个体层面的因素

不难发现，当前作者主要关注社会—人口变量、个体特征差异两方面的影响因素，即对男女两性领导者职业生涯发展及成功的差异性解释通常持社会环境和个体差异取向，比如，佟新（2005）研究指出，在传统社会性别观念中，两性必须严格按照社会规定的气质方向发展，即男性只能阳刚，女性只能阴柔，这造成了对女性个性的压抑和束缚，阻碍了女性在公共领域的发展；廖泉文认为，女性的职业发展模式呈现"M"形，这与女性的生理、心理因素有关；Crant（2000）认为女性在职业成就方面之所以落后于男性，主要是与其职业动机有关。Tharenou（2005）发现，个体和环境因素对男性和女性的职业成功的影响作用存在明显的差异，其中个体因素能够解释男性职业成功的更大变异，而环境因素对女性职业成功的解释力则较大。

二　组织层面的因素

近年来，越来越多的学者开始关注组织层面的因素对女性领导者职业生涯成功的影响，比如，组织及其管理者的性别刻板印象、组织内高管的性别结构、关系网络等，他们认为社会环境的影响范围广泛但改变起来难度大，组织层面因素的影响具有相对较大的可操作性和实际意义。

White（1995）把女性必须面对的重要的家庭问题整合到其职业发展阶段之中，并提出了成功女性职业生涯发展阶段模型，他认为女性领导者若想获得整体生活的平衡，组织及其管理者就必须改变对职业成功的刻板印象。Forrett 和 Dougherty（2007）发现在男性主导的银行业里，高层管理人员和主管当中女性只占不到 6% 。Ely（1995）研究指出，虽然在输送高等教育人才的管道入口有很多女性，但同样的管道到达高级领导岗位时，出现的却是大量的男性，因此，如果组织内高管性别结构问题不考虑，仍然不能很好地解释权力在女性领导者职业生涯成功方面所发挥的作用。还有学者提出这样的假设，他们认为对于女性员工的职业成长来说，社会资本对于其获得高层管理职务具有比人力资本更重要的价值，而对于获得低层管理职务时，人力资本的作用却要比社会资本来得更为重要。因此，随着女性教育水平的提升和男女平等立法的深入，低层级管理岗位男性合格者数量逐渐减少，各个国家女性获得低层级管理岗位的人也随之增加。Thomas（2005）研究指出，女性的人力资本（如文凭）可以帮助她们获得低层级的管理岗位，但是女性由于缺乏关系网络而使她们难以获得高层级的管理岗位，随着低层级管理岗位男性合格者数量的减少，女性进入低层级管理岗位的比例也越来越大，因此，随着女性教育水平的提升和男女平等立法的深入，各个国家女性获得低层级管理岗位的也随之增加。

本章小结

通过对相关文献的系统回顾发现，组织性别及其差异、女性领导力及风格、女性职业生涯及成功、组织环境与女性职业生涯发展的关系等相关领域已经取得了一定的研究进展，为本书的研究设计提供了扎实的理论基础。然而，现有研究也存在一些被遗漏的研究"盲点"，有待后续研究的进一步补充，概括起来主要有以下几点：

其一，从现有文献对组织中性别概念的界定及对性别视角下的组织情境的研究来看，国内外学者对女性领导者职业生涯发展所处组织情境的性别属性缺乏深刻的认识，一方面没有意识到组织中的性别概念背后所反映的一系列社会关系及其互动本身并非性别中立的；另一方面，对越来越多组织中的性别歧视已经从对女性的故意排斥向那些看似公平的日常工作惯例和文化准则进行转变缺乏足够的关注，从而缺乏对性别化的组织情境的系统解构。其二，尽管越来越多的研究发现并承认了男女两性的差异性，比如，性别特质差异、性别心理差异、性别行为差异等，但是对于性别差异如何在组织情境中形成与运作缺乏深入探究。其三，从研究立意方面来看，尽管女性领导者的参与及其差异化的价值观、情感和行为可能对工作团队与组织带来的价值渐渐引起了人们的关注，但是过多的研究聚焦于阻碍女性领导者职业生涯成功的组织环境因素挖掘，并没有为女性领导者的组织价值与贡献创造很好的理论空间，这使得女性包括女性领导者一直处于被质疑、被埋怨的位置，也进一步限制了组织及其管理者为女性领导者职业发展提供真正平等平台的可能性。其四，在研究层次方面，现有研究主要关注女性领导者个体层面心理、价值观等内在因素以及社会层面传统性别角色对女性职业成功的影响，从而忽视了组织主体对于女性职业发展的系统作用。其五，就组织层面的性别研究而言，现有文献缺乏组织情境影响女性职业成功的作用机制与内在过程的探索，而这些作用机制与内在过程的挖掘将成为挖掘女性领导者内在潜力、促进女性领导者实现职业成功的关键所在。

第二章 组织情境下女性领导者职业成功的研究共识与现实困境

第一节 组织情境下女性领导者职业成功的研究共识

通过对近 30 年发表于国际核心期刊上的现有研究文献的梳理，笔者识别出了四个相互关联的研究共识，即近 30 年女性职业系统的研究中哪些已经是人们已经达成的一致认可的，从而概括出了女性职业发展及成功的研究现状。

一 女性的职业包含比工作更为丰富的内容，其职业发展嵌入在广泛的生活背景中

最近越来越多的研究表明，现代女性的职业和生活相互联系、相互缠绕。例如，Powell 和 Mainiero（1992）对女性职业发展过程中复杂的选择和约束进行了描述，包括除个人发展问题以外的平衡、连通性和相互依赖等，研究者提出了"时间长河中的横流"这一概念，为研究女性职业时将非工作问题、主观衡量的成功以及个人、组织和社会因素对女性职业选择的影响等考虑进去提供了理论框架。与以上研究类似，关系导向、多重角色和家庭考虑被发现是高成就亚裔和白人美国女性职业生涯发展过程中非常重要的因素（Richie et al.，1997）。在此基础上，有不少研究开始关注复杂生活背景下女性职业生涯发展过程及其规律。Mainiero 和 Sullivan（2005）提出"万花筒职业生涯"的概念来形容处于其中的女性需要通过各种关系、机会和限制来评估自己的职业选择，以求得最佳平衡，研究中他们提出了职业发展的"ABC"模型，即认为在女性整个生命周期，真实性（Authenticity）、平衡（Balance）和挑战（Challenge）三者的重要性取决于女性的职业和生活背景，其研究结论表明，可靠性和成为真实的自己是职业晚期至高无上的追求，职业和关系事务的平衡更有可能是处于职业中期的女性所考虑的问题，对于职业早期的女性具有挑战性的工作成为她们主要的焦点。O'Neil 和 Bilimoria（2008）探索女性职业生涯发展规律时将女性职业生涯划分为三个阶段：理想主义的成就阶段、注重实际的忍耐阶段和重塑阶段，他们认为女性的职业和生活责任是随着生命周期阶段的变化而涨落沉浮的，虽然每个阶段女性面临的突出问题不同，但是在每个阶段女性都同时关注在职业领域和生活领域的成功。因此，与男性相比，女性的职业发展深深嵌入在由相互联系的人、事和方面交织在一起形成的广阔而复杂的生活网中。

二　工作和家庭生活都是女性职业发展及其成功的中心

既然女性的职业发展包含的不仅仅是工作本身，而是嵌入在更为广阔的生活背景中，那么考察家庭责任、工作—家庭关系对女性职业成功的影响就成为重要的研究主题。越来越多研究开始聚焦工作—家庭冲突和工作—家庭平衡方面的研究，例如，Rothbard（2001）的对比研究表明，尽管男性和女性都能从扮演多重角色中获得增益，但是增益的方向却是不同的，男性是从工作到家庭，而女性是从家庭到工作；同时，只有女性才会经历多重角色的耗损，并且是从工作指向家庭的。在一项对双雇用夫妻的调查中，Tenbrusel 等（1995）发现女性的工作—家庭责任是单向的、稳定的，而男性的则是双向的、动态的。尽管有研究认为女性个人能从多重角色中获得收益，但是更多的研究结论表明女性承担多重角色并没有得到组织的奖赏。Hewlett（2002）认为职业发展周期和生养周期两者之间具有不可协调性，很多高成就女性为了满足职业发展的需要推迟结婚生子甚至牺牲生孩子的能力，她们被迫在拥有家庭和拥有成功职业之间进行选择。大多数对工作—家庭冲突的研究焦点都放在对孩子的抚养和教育方面，然而 Hamilton 等（2006）研究发现没有孩子的女性同样也感受到了工作—家庭冲突，而且更多来自于工作对家庭生活的负面影响。表明处于不同生命周期的女性对"拥有全部"（have it all）的态度有所差异，相比大龄女性，年轻人更有可能相信它是可能做到的，很多中年女性已经将更多的注意力放在个人兴趣和家庭、关系处理上，从而改变了对生活的理解，以保持多重角色的平衡（Gordon et al.，2002）。种种研究结论表明，职业和家庭都是女性生活的中心，任何对女性职业的调查和研究都必须将女性的家庭背景以及工作、家庭的交互作用考虑进去。

三　女性的职业生涯发展呈现多样化模式

男女两性在职业发展中，承担的家庭责任不同，女性必须将重要的家庭问题整合到其职业发展阶段之中，因此 White（1995）认为女性的雇佣模式更偏好于灵活性，从而提出了成功女性职业生涯发展阶段模型。Hurley 和 Sonnenfeld（1997）指出通过在比赛中一系列的胜利和失败最终到达顶层的锦标赛式的职业模式并不能在相同程度上适合于女性，组织中的女性或许根本和男性处于不同的锦标赛事中。尽管男性占优的以线性、等级晋升、锦标赛为主要特征的传统晋升模式仍然在女性职业生涯研究中不断出现，但是越来越多的研究提出具有女性特征的职业发展模式。Richardson（1996）研究认为与男性"阶梯式"职业发展模式相比，女性的职业发展模式更像"蛇形"。O'Leary（1997）通过探索如何整合工作、关系、组织因素及其与职业生涯周期的关系，发现了两种职业发展模式——传统男性"公司官僚制"和新型女性"生活方式"职业发展模式之间的差异性，并通过对挑战性、满意度、成长和发展等感知来衡量女性职业成功。Gersick 和 Kram（2002）则认为女性的职业发展路径类似于"锯齿形"。类似的，Huang 和 Sverke（2007）发现女性的职业模式是多种多样的，比如向上移动、稳定、向下移动和波动等多种类型。

四　人力资本和社会网络支持是女性职业生涯发展的关键资本

人力资本通常被认为是职业发展的重要资本，而教育、培训、发展机会、工作任期、经验和工作流动性都能帮助个人积累社会资本。Ragins 等（1998）对公司 CEO 的一项调查研究中发现，CEO 们认为缺乏人力资本是女性不能在组织中晋升的关键原因。Melamed（1995）研究认为与工作相关的人力资本（如情绪智力、教育和工作经验）能够解释男性和女性在工资和管理层级方面很大一部分的差异。Ibarra（1993）研究指出，随着各国男女平等立法的深入，女性的人力资本（如教育水平的提升等）可以帮助她们获得中低层级的管理岗位，但是女性由于缺乏关系网络而使她们难以获得高层级的管理岗位。

对于男性和女性所拥有的人力资本如何得到评价和利用，取决于其所拥有的社会资本或取决于站在什么样的社会网络中，社会网络能通过正式接触和非正式联系两种途径为个人的职业发展提供关键性意见和建议。男性倾向于将他们的职业成功归因于晋升通道记录，而女性则会将相关社会关系及其所能提供的支持视为自己成功的关键（Morrison et al. , 1992）。近年来，不少质性研究对女性的关系实践（relational practice）及其组织贡献进行了探索。例如，Fondas（1997）和 Fletcher（1998）先后从女性主义视角对工作概念进行了重新建构，认为女性的工作行为是为了提高整个团队的专业成就，而不仅仅是为了个人，通过为每个人赋权和提供必要的人际支持，创造了团队良好的合作氛围，最终保证了组织目标的完成。Zelechowski 和 Bilimoria（2003）通过对来自《财富》1000 强的 6 位女性公司内部董事访谈内容的系统编码发现，她们是如何对组织产生影响（influence），并融入（inclusion）组织氛围的。Singh 等（2006）通过对来自 5 个公司 12 位女性的社会网络成员的深度访谈，对女性如何构建和管理社会网络以及该网络给内部成员和组织带来的益处进行了分析，结果发现更多高层女性表现出亲社会行为，比如，引导变革、帮助和支持他人等。因此，社会网络对女性职业发展至关重要，而缺乏社会资本成为关键障碍。Braynion（2004）研究发现，跟男性相比，女性拥有的异性社会网络联系的比例更小，这种差异的主要原因是男性和女性处在不同的社交圈中，组织社会网络的分割的本质将女性与重要的联系和社交隔离开来。

第二节　组织情境下女性领导者职业成功的现实困境

与以上研究共识相对应，我们还发现了四个研究悖论或矛盾之处，从而强调女性及其职业理论研究与女性职业实践的组织现实之间的不一致、存在的问题或者细微差别。

一　组织实践要求女性将职业和生活分开

以上文献的回顾表明与职业和工作相关的成功与现代女性的生活问题紧密相关，女性通常同时追求职业和自我两方面的成功；然而呈现在管理女性和职业女性面前的组织现实似乎没有跟上她们职业偏好和生活选择的步伐，组织环境中的工作和职业仍然是按照传统社会角色规范和家庭分工——男性占优的全身心投入（Burke, 1999）且公司便利（Schein, 2007）进行架构和安排，从而组织实践要求将职业和生活完全分开（Schneer and Reitman, 2002）。越来越多的研究表明，将工作放在第一位的组织观念不能完全反映出现代女性更宽范围的责任，相应的组织实践对于试图寻找生活的意义，并承担职业和生活双重责任的女性是一种损害（McDonald et al.，2005；Mavin，2001；Pringle and Dixon，2003）。White（1995）针对英国杰出成功女性进行了一项调查，她发现在她调查的48个样本中多数女性为了能够在组织中获得成功，不得不为了工作生活而调整自己的家庭责任，甚至至今保持没有孩子的状态。尽管越来越多的文献已经就女性职业发展嵌入在其生活背景中达成了一致认可，但是现行的与如何界定职业及成功，以及如何对职场中的女性进行评估和奖励的组织实践仍然还基于持续雇佣、单方面的贡献的传统模式。

二　家庭仍然是组织中女性职业发展的负债

有大量文献都推荐组织开发工作—家庭福利以帮助员工承担多重责任，如育婴假、压缩工作时间、弹性工作制、工作分享和远程办公等政策。似乎人们对提供弹性工作安排和要求较少的工作时间有利于女性的工作—家庭整合已经得到了较为基本认可，但是对于利用公司的工作—家庭福利对职业发展具有何种影响还存在争议（Tomlinson，2004）。Schwartz（1996）研究表明，即使组织拥有工作—家庭平衡策略，但是如果没有直接主管的支持和家庭友好型组织文化感知的鼓励，这些福利政策不会被没有任何惩罚地利用。与此类似的研究也发现，在拥有工作—家庭文化的组织中，工作—家庭福利政策的利用比没有工作—家庭文化的组织中程度高，从而感知的组织对利用工作—家庭福利政策的支持对于女性的职业发展是一个重要的因素（Thompson et al.，1999）。更有研究明确指出这些政策的利用本身与晋升到高层管理者之间是不一致的（Drew and Murtagh，2005）。既然女性是利用这些所谓工作—家庭福利最大的群体，她们的职业发展也就处于较为不利的地位，家庭也确实成为女性在组织中获得职业成功的负担。

三　组织认可的仍然是传统的线性晋升职业生涯发展模式

尽管无边界、易变性以及万花筒职业生涯概念已经被提出来，但作为将来职业发展的趋势，它们与组织现行的职业发展模式是相互矛盾的，传统职业的线性晋升模式——以垂直轨道，沿着组织金字塔攀岩，金钱、权力和地位等为主要标志在组织实践中仍然很盛行（Hall and Mirvis，1995）。Sullivan（1999）研究建议未来的职业模式需要基于弹性，技能的可转移性以及心理上对有意义工作的追求等的考虑，从而更有利于女性的职业发展。然而现实却很少为女性做出改变,从罕有女性被提拔至领导高层,很少提供具有挑战性的工作,仍然面临很多无形的歧视等事实就可以看出。越来越多的研究开始关注女企业家的出现,她们不再选择继续留在被组织结构和规范限制的职业发展道路,而是选择开创属于自己的事业。Mattis(2004)在对女企业家进行的研究中发现,女性离开公司选择自己创业主要有四方面的原因:对更多弹性的渴望、受"玻璃天花板"的影响、对组织工作环境的不满意、在目前组织中的位置缺乏具有挑战性的机遇。由于不友好的组织氛围,一些女性创造出了更具弹性的职业模式,这样一方面能为自己创造更多的发展机会;另一方面能够满足她们完整生活(包括个人和专业领域)意义的追求。因此,与女性职业选择、路径和模式不相契合的传统线性晋升和职业成功模式仍然在组织实践中盛行。

四　缺乏网络和帮助的获得途径

尽管研究表明女性的关键人力资本投入和社会网络支持已经得到了显著的积累,但是"玻璃天花板"在组织现实中仍然很盛行。对组织管理通道末端的调查表明,极少部分的女性能够上升到组织最高管理层(Helfat et al. , 2006)。高层中稀少的女性比例使得女性失去话语权,所谓职业成功被强行定义为男性的特征,不利于女性发挥其领导优势和特长。女性自身这样描述她们的工作:提供大量的社会联系,但是很少有机会获得有助于提供职业发展机会的可见的工作经历;相比男性,很少对晋升机会感到满意(Lefkowitz, 1994)。创建一个彼此联系的关系网,分享责任和为他人的发展做出贡献已经成为示范性的管理行为,尽管这些管理行为原本就具有女性特征,但是它们从来就没有被公开认可为女性专属,甚至由于被错误归因、缺乏组织话语权等原因,这些女性专属的关系实践在组织环境中渐渐消失。由此可见,女性面临的现实矛盾是,她们的种种有助于增强组织基础建设的行为(如合作、联系、赋权、团队合作以及冲突处理)以及这种行为所带来的利益和价值并没有得到组织的认可和奖赏,这是她们职业发展受阻的原因之一。更加需要强调的是,男性占优的组织环境更不利于调和女性领导与组织内其他女性之间的关系,公司高层领导中女性的低比例似乎在给公司中的其他女性发出信号:作为女性是一种负债,女性需要在表现竞争力和讨人喜欢之间做出选择(Ely, 1994);同时,这种信号也将阻止未来可能成为女性领导的女性转向现有的女性高管寻求有关发展的建议或帮助(Ibarra, 1999),渐渐造成了公司高层中女性比例越来越少，使得女性职业生涯发展陷入了恶性循环。

本章小结

在女性职业理论研究方面，尽管与女性职业生涯发展及成功相关的研究构念包括导师、社会网络、权力、"玻璃天花板"、性别歧视、职业晋升、个人发展、工作—家庭平衡、职业生涯中断、女性领导力，且男女两性职业生涯发展的差异性也越来越多地得到学术界的认同，但是很多研究并没有将女性作为一个特殊的群体给予关注，从而提出女性职业发展和成功理论，很多仍然沿用男性传统的概念和理论框架研究女性职业问题。

通过对近30年发表于国际核心期刊上的现有研究文献的梳理，研究者识别出了四个相互关联的研究共识，它们代表了通过近30年对女性职业系统的研究，哪些是人们已经达成的一致认可；与研究共识相对应，我们还发现了四个研究悖论或矛盾之处，从而强调女性及其职业理论研究与女性职业实践的组织现实之间的不一致、存在的问题或者细微差别，从而概括出女性职业发展及成功的研究现状，以供后续研究参考。

第三章 女性领导者职业成功的组织情境影响因素模型

如果你对疾病诊断有误，自然就开不出有效的药方。对于女性职业生涯发展所处组织情境的诊断，由于有意改变这一状况的组织及其管理者们误判了其症状，导致女性领导者高端缺失问题一直在组织中存在。尽管近年来女性在整体员工队伍中的地位已经有所提升，但是女性仍然仅占公司高层中很小的比例，这一点是毋庸置疑的。

对组织中的性别研究文献的梳理后不难发现，大部分文献都聚焦于探究是否存在性别差异以及存在哪些性别差异，而非挖掘为什么这些差异存在，尤其忽视了组织特征这一重要情境因素对性别差异的作用，以致对"性别差异是如何在组织情境中形成并运作"至今还未给出清晰的回答。事实上，作为组织生活不可缺少的一部分，组织情境并不是性别中立的。正如 Scheins（2007）研究所指出的那样，由"男性更适合管理角色"价值观主导的组织性别文化在过去的 30 年中没有发生根本性的改变。Ely 和 Meyerson（2000）研究指出，我们应该更加关注组织环境中与性别有关的管理实践，包括正式政策、规范、非正式的工作互动模式及其语言表达。由此可见，要想在女性高端缺失问题上取得更大的进展，我们有必要在对女性职业生涯发展所处的组织情境进行准确界定的基础上，剖析组织情境下哪些管理实践反映和支持的是男性工作和生活经验，从而阻碍了女性获取、维持自身权力和利益。鉴于国内外学者对影响女性职业生涯发展及成功的组织情境的性别属性缺乏深刻的认识，对其内容结构尚未形成系统的理论框架，本章应用扎根理论（Grounded Theory）探索性地识别影响女性领导者职业生涯发展及成功的组织情境因素，相信对女性职业理论的发展和指导企业更好地开发和挖掘女性领导者潜能具有一定的促进作用。

第一节　影响女性领导者职业成功的
组织情境因素研究理论基础

本章研究的理论基础由以下两个部分交互作用构成：其一，一种后现代哲学——后结构主义理论，它强调知识、话语和权力三者之间的关系，从而在为本章研究提供理论背景的同时，对现有的影响女性领导者职业发展及成功的组织情境常识提出了挑战；其二，对组织情境下的性别概念进行了重新界定，并证实影响女性领导者职业发展及成功的组织情境是具有性别属性的。

一　后结构主义理论

后结构主义理论，作为一种后现代哲学，它聚焦知识、话语和权力三者之间的关系，是本章研究的重要理论背景。在众多后结构主义研究思想的特征中，有三个突出特征对于理解本章研究至关重要，那就是它的研究设计、研究方法以及它质疑和挑战人们对工作、知识和技能等常规定义的方式。值得注意的是，无论采用何种研究方法，后结构主义探究的研究目的并不是用另一种社会现实代替现有的社会现实，并证明前者相比后者的优越性，而是对以前我们想当然的一些观念进行深层次的质疑，使得那些看似不存在争议和预先假定的社会现实更具讨论价值（Flax，1990；Jacobsen and Jacques，1997）。

后结构主义探究的第一个特征就是它质疑组织情境下的知识产生过程，并认为它是权力践行的结果，从而使得其中只有有限的声音被听到，有限的经验被界定为知识。换句话说，持后结构主义视角的作者始终对卓越或普遍性的真理抱一种怀疑的态度，他们致力于证实人们用来判断某件事情是正确还是错误的一系列标准是由思想观念所决定的，其本身是一个权力运用的过程，以便维持组织现状，并使得所有可能的挑战都销声匿迹（Alvesson and Deetz，1996；Clegg，1989；Foucault，1980；Mcnay，1992；Weedon，1987）。

后结构主义探究的第二个特征是它强调语言在权力和知识关系中的中介作用。经研究证实，社会现实及其主流模式都是在实践中被人为建构起来的，事实上，如果缺乏话语实践，那么就不可能存在任何经验，也就没有所谓的知识（Collinson，1994；Diamond and Quinby，1989；Fairclough，1989；Mumby，1988）。在后结构主义者看来，组织情境下人们的语言表达并不是性别中立的，相反，由于人们总是试图延伸和拓展主流群体的社会价值观和利益，因此，它成为构造意识形态的一种有力途径。

这种对组织语言表达的强调又和后结构主义探究的又一显著特征有关：权力抵制的概念（Collinson，1994；Clegg，1989；Flax，1990）。组织话语既然可以被用来构建社会现实，它同样可以被用来挑战社会现实。换句话说，组织语言表达中权力运用并不是绝对的，而是相对的、临时的，需要根据具体情况而定，因此，可以通过破坏策略对其进行抵制，这就是我们通常所说的解构。笔者认为，基于组织语言表达的重构至少应该包括以下内容：挑战组织文本中未经证实的性别差异，揭示那些被压抑的矛盾，关注那些被隐藏、被忽视和被隐身的经验和技能（Fairclough，1989）。虽然此种类型的话语分析侧重于利用现有的组织文本，但是相同的技术也被作者用来剖析人们所说的话（Martin，1990），也就是 Jacque（1992）所说的"被执行的文本"，即那些渗透并决定组织文本的有意义的组织活动与实践。同样也可以通过颠覆性的故事挑战组织现状，这些通常是来自边缘化群体成员的个人利益、情感经历或生活经历等，该群体成员的声音被沉默，而她们的经验没有被认可为知识（Ewick and Silbey，1995；Harris，Bridge，Sachs and Tallichet，1995）。

由此可见，后结构主义理论不仅对现有的影响女性领导者职业发展及其成功的组织情境常识提出了挑战，更重要的是，它聚焦于组织话语空间的提供，从而使得新的思维模式得以浮现，而新的思维模式则意味着为人们对女性领导者所面临组织现实的想当然预设提供一个替代性解释，从而在理论上创造一个有利于更多女性领导者职业生涯发展最终实现成功的新组织结构、组织文化的广阔空间（Calas and Smircich，1989）。

二　组织情境下的性别概念内涵

随着性别理论研究的深入，笔者一致认为性别是与男性和女性、男性化和女性化的类型划分、意义派生以及经验塑造有关的一系列社会关系的总和，而这些类别嵌入并成长在特殊的社会、政治和历史情境中，同时某种程度上还受到其他社会关系（比如，等级、民族、种族、宗教、年龄等）的影响。由此可见，性别既不是一个静态的概念，同时也不具有普遍意义，其内涵和结果都属于社会建构的范畴（Acker and Van Houten，

1974；Wharton，1992）。另外，Flax（1990）从权力流动的视角进行研究，他认为性别关系已经被性别权利中某一个方面——男性所定义和控制，因此性别或多或少是由权力关系构造而成的，同时他还指出，男女两性中这种不平等权力的分配形式不仅受到男女两性所处社会、政治和历史情境的影响，而且受到其他权力分配的塑造，如种族、阶层和民族等。

组织情境下性别概念的形成是人们在性别概念上与工作场所中的自我和他人之间寻找差异性和共同点后所形成的特有主观感受的过程，研究表明，该过程同时受到社会性别建构、组织性别特征和自我性别概念的多重约束。一方面，社会性别建构和组织性别特征通过定义什么是正常的、自然且可以接受的，向人们传递组织共识、规范，比如，Alvesson 和 Billing（1997）研究指出，工作场所中与他人、团队的社会关系互动为性别概念的形成提供证实、鼓励，或者对现有的性别概念理解做出破坏、修正，从而组织情境成为人们性别概念形成的核心过程之一；另一方面，个体以自我性别概念为依据，通过内在的自我监督和自我校正，对自己是否遵从传统性别规范和信念做出指示。正如 Ely（1995）的研究所指出的那样，人们或多或少需要符合理想性别模式以获得社会认同，以缓解偏离传统性别规范所带来的压力和担心。由此可见，在组织性别系统中，性别概念是指某人对作为男性或女性所赋予的意义，其本质是在组织情境下工作场所中的多数人对性别内涵较为一致的理解，具体体现为男女两性在价值观、情感及行为等方面的差异。

以上分析不仅对组织情境的性别概念进行了重新界定，而且还对我们理解组织情境在塑造性别概念及其性别差异的过程中所起到的作用具有变革性意义。在这一概念框架内，我们关注的不是性别差异本身，更是聚焦组织情境下那些看似性别中立，实际却直接或间接地导致性别差异的组织因素和过程。既然构成性别概念的一系列社会实践反映的是其背后复杂的社会关系，而这些社会实践的结果或是保全或是挑战男性传统和优势，那么这些社会实践本身也就具有了性别属性。对现有的组织情境下性别研究的梳理发现，组织情境下构成人们性别概念理解的社会实践至少包含以下四种类型：①正式政策和程序；②非正式的工作实践、规范；③组织叙述、修辞、语言及其他代表性表达；④非正式的社会互动模式，这些社会实践或支持或质疑男性优于女性、男性特质优于女性特质这一价值观念，进而或增强或挑战人们对男性或女性本身意味着什么这一概念理解，最终形成了嵌入组织文化的组织资源、信息和机会分配的形成和证实机制。

综合以上文献回顾，我们发现现有研究对于男女两性领导者的性别差异是如何与组织情境联系起来的？即组织情境是如何影响工作场所中性别谈判过程的？对这样的问题缺乏足够的关注。具体而言，对于哪些管理理念及实践反映和支持的是男性（女性）工作和生活经验，或成为男性（女性）维持自身权力和利益的有效工具，从而成为影响女性领导者职业成功的组织情境因素，迄今为止，还没能在现有文献中找到准确而充分的答案。

第二节　女性领导者职业成功的组织情境影响因素及其相互作用关系

一　女性领导者职业成功的组织情境影响因素模型构建

我们通过深度访谈、焦点小组讨论以及文档资料三角验证的数据收集方法，对多位来自不同案例企业的女性领导者进行了调研，同时以男性领导者为互补视角进行素材补充和对比，根据扎根理论，采用文本分析和主题编码方法，探索影响女性领导者职业成功的组织情境因素及其结构，最终提出女性领导者职业成功的组织情境影响因素模型。

1. 扎根理论

我们采用扎根理论方法进行数据分析。扎根理论方法是质性研究中较科学的一种方法，最早由社会学者 Galser 和 Strauss 在 1976 年提出，是一种运用系统化的程序，采用归纳的方法对现象加以分析整理所得的结果，经由系统化的资料搜集与分析而发掘、发展，并已暂时地验证过的理论。

扎根理论强调理论的发展，而且该理论植根于所收集的现实资料以及资料与分析的持续互动；其核心是资料收集与分析的过程，该过程既包含理论演绎又包含理论归纳；其精髓在于通过科学的逻辑，归纳、演绎、对比、分析，螺旋式循环地逐渐提升概念及其关系的抽象层次，最终形成新的概念或理论。与其他定性研究方法相比，扎根理论资料收集方式的特点在于动态性，也就是要根据研究进展情况不断补充资料，从而以资料的丰富、严密及饱和来增加结论的说服力和理论性。因此，资料的收集、整理与分析是一并发生、同时进行、连续循环的过程，具体的研究流程如图3-1所示。

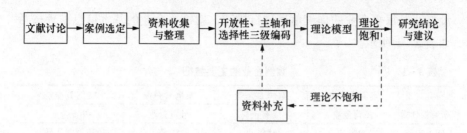

图 3 – 1　扎根理论的研究流程

2. 研究对象

本章的研究数据是关于女性高层次人才成长规律的国家教育部哲学社会科学重大科技攻关项目数据的一部分，研究样本的选择采用理论抽样方法，选择与本课题组建立合作关系的案例企业中若干男性和女性企业管理者代表作为调研对象。

为了尽量提高本书的信度和效度，在案例企业选择方面，本书主要考虑了以下几方面的因素：第一，根据 Eisenhardt（1989）的建议，随机选择案例不是必要的，也不是可取的，而且必要的时候可以选择极端案例，因此我们选择案例企业时，兼顾了信息的可获得性和企业所具有的代表性，而不是随机的案例选择；第二，选择不同性质、不同行业的案例企业，这样可以尽量避免相同性质企业的特殊性给研究结论带来的偏差；第三，选取的案例企业成立并投入运营已有相当长的一段时间（包括外资企业在中国的投资），其规模至少要达到 100 人以上，这在一定程度上能够保证我们收集到的表征组织情境性别概念与性别意识的数据具有较好的稳定性和一致性。

按照分析框架和概念发展的要求抽取具体的调研对象时主要考虑以下几方面的因素：第一，被试领导者至少在目前单位担任管理职位一年以上，带领团队人数至少达到 5 人以上；第二，所抽取的样本既要考虑其所在的领域、行业、企业性质的差异性，又要符合在年龄和职位等级上的阶梯性分布；第三，兼顾研究对象的婚姻和生育状况，以充分代表女性平衡工作和家庭的需求现状；第四，样本数的确定以理论饱和的原则为准，即样本抽取直至新抽取的样本不再提供重要信息为止。

根据前面提及的案例企业和调研样本的选择标准，我们最终确定了 4 个企业 20 个调研样本（其中女性样本 16 名，男性样本 4 名）作为我们的研究对象。应企业的要求，我们在后续的分析过程中将隐去企业的名称和各受访者的姓名，而分别以 A、B、C、D 来代表各个企业。受篇幅限制，没办法对每个企业的详细信息进行描述，就每个企业的基本信息整理概括如表 3-1 所示。

表 3-1 案例企业的主要特征

研究对象	案例 A 企业	案例 B 企业	案例 C 企业	案例 D 企业
所有权性质	民营企业	国有企业	外资企业	外资企业
所处行业	咨询服务业	建筑业	IT 业	快速消费品行业
主要产品	人力资源外包服务	建筑咨询、工程管理	金融产品软件开发	饮料、食品
员工人数	300 人	3000 人	150 人	800 人
成立年份	2004 年	1993 年	2006 年	1995 年
主要产品市场	全国大中小各类公司的劳务派遣、代缴社保、招聘、培训	全国大型建筑项目的咨询，以及工程管理和监督	世界顶级银行、风险投资公司、金融公司的风险管理软件研发	大中华区饮料、休闲和健康食品的研发、市场管理和营销策划
企业发展历程	集团成立于 2003 年，2004 年 1 月 15 日上海分公司成立，目前业务覆盖北京、上海、广州、深圳、西安、南京、拉萨等近百个主要城市，并在中国香港、美国成立分支机构	自 1987 年开始为海伦宾馆提供监理服务，是上海市建委指定的第一批建设工程监理的试点单位，1993 年 10 月经建设部批准为全国首批甲级监理单位	1989 年公司创办以来，集团已为世界银行 100 强中的 50 余家提供了产品和服务，上海分公司于 2006 年 1 月在上海成立，公司主要为其集团提供技术支持以使集团更好地发展壮大	1981 年，受中国改革开放政策的鼓舞，公司在深圳兴建可乐灌瓶厂，宣告了投资中国历程的开始，成为首批进入中国的美国商业合作伙伴之一，1995 年，公司正式成立，总部设在上海
员工成长与社会责任	2007 年 1 月成立"华夏恩三"社会责任促进中心；2007 年 9 月 19 日，"华夏恩三"社会责任促进中心捐资百万，在安徽省六安市新安中学设立华夏恩三社会奖励基金	公司国家注册监理工程师超过 200 人、国家注册咨询工程师（投资）15 名、国家注册造价工程师 47 名、英国特许建造师 14 名，公司拥有员工 3000 多人，大学以上学历占 60% 以上，其中博士 11 名，硕士 73 名	自 1989 年公司创办以来，集团已为世界银行 100 强中的 50 余家提供了产品和服务，并两度获得英国女王亲手颁发的"女王出口成就大奖"	早在 2001 年就开始支持中国女性发展基金会组织实施的"母亲水窖"项目，帮助中西部地区贫困缺水家庭，在与"母亲水窖"项目长期合作的基础上，同时公司也致力于帮助中国女性发展基金会进一步提升"母亲水窖"项目，不仅要保证水的供给，还要保证水的质量

3. 数据收集、整理与分析

（1）数据收集与整理。其一，深度访谈。我们与案例企业来自业务部门、人事、行政、财务等职能部门基层、中层、高层女性管理者的典型代表进行深度访谈。访谈内容主要围绕其在公司内的职业发展期望与成就感、其对男女两性领导者职业发展现状及其差异的感知以及组织及其内部成员对男女两性领导者职业发展的支持和帮助的评价等。受访谈的中高层管理者在目前企业任职的时间都在 2 年以上，这保证被访谈的人员能了解企业的全面情况，并对企业内部的很多现场有自己的理解和判断能力。具体访谈提纲设计如表 3 - 2 所示。

表 3 - 2　　　　　　　　　　　　深度访谈提纲设计

编号	开放性问题
1	您当初选择这家公司的原因是什么？
2	您一直留在这家公司的理由是什么？希望得到什么样的结果？您对现状满意吗？
3	你所在单位各级管理层，男女两性比例如何？您是如何看待这一现象的？
4	您认为您所在单位中，什么人更容易得到组织的认可，获得职位晋升？
5	男性和女性成为高层领导机会是否均等？各有什么优势和劣势？
6	在与高层领导交流中，你有没有了解到单位对您的发展期望是什么？
7	单位如何帮助您获得职业发展？
8	您与您的上级领导、同事关系如何？他们对您的职业发展给予了什么样的支持？

其二，焦点小组讨论。除了深度访谈，我们的焦点小组讨论主要就组织情境中的男女两性领导者领导风格差异、被关注和认同的程度、成为高层领导的机会，以及女性领导者职业生涯发展及成功所处的组织情境及其改革期望等话题展开自由讨论。选择囊括男性管理者主要出于以下两方面的考虑：一方面是为了对比男女两性领导者领导风格的差异，发现男女两性领导者差异在其职业发生涯发展及成功过程中所发挥的作用；另一方面为了考察他们如何看待他的女上司以及女下属，从不同侧面挖掘影响女性领导者职业发展的组织情境因素，事实上，这种同事对女性领导者职业发展的态度也是组织情境的一个重要组成部分。讨论的问题主要集中在以下几个方面，如表 3 - 3 所示。

其三，文档资料。对每个企业收集的文档资料包括公司介绍、员工手册、公司网站信息、会议文件、员工培训材料、公司内部刊物、绩效考核指标体系、产品宣传手册、年度报告等。

表 3 - 3 焦点小组讨论提纲设计

编号	讨论问题
1	您所在单位男女两性领导者扮演高层领导角色的机会如何？
2	对于已经成为高层的男女两性领导风格有无差异？
3	您认为什么样的领导风格更为有效？
4	您个人比较偏爱或欣赏什么样的上级领导？
5	您如何评价"男主外，女主内"这一观念？
6	单位是否有帮助女性调整工作—家庭责任的制度和措施？
7	在帮助更多女性成长为高层方面单位做了哪些努力？
8	在帮助更多女性成长为高层方面您还希望单位做出哪些改进？

（2）数据分析过程。对资料进行逐级编码是扎根理论最重要的环节，本章严格遵守 Glaser 和 Strauss（1967）的编码技术程序进行构念开发和模型构建，具体包括三个级别的编码：一级编码，即开放性编码；二级编码，即主轴编码或关联式编码；三级编码，即选择性编码或核心式编码。

首先，开放性编码。开放性编码是发现概念类属，对类属进行命名，确定类属的属性和维度，即对研究现象加以命名及类属化的过程。通过开放性编码，最终抽象出初始概念 56 个，范畴 23 个，这些范畴是在原始数据中被提及次数最多、最为普遍的表达，是影响女性领导者职业成功的基本组织情境因素（如表 3 - 4 所示），其中，Tn 表示从第 n 个调研对象的访谈文本中摘录的原始资料，An 表示第 n 个初始概念，Bn 表示第 n 个范畴。

其次，主轴编码。该阶段的主要任务是发现和建立概念类属之间的各种联系，以表现资料中各个部分之间的有机关联。通过分析各个不同范畴在概念层次上确实存在的内在联结，根据不同范畴之间的相互关系和逻辑次序，对其进行重新归类，识别主范畴和次范畴，即影响女性领导者职业成功的组织情境因素及其内部的子因素，每个子因素至少需要有两个初始

表3-4 开放性编码库

范畴	初始概念	原始资料示例
B1 一般管理岗位的性别结构	A1 一般管理阶层的性别结构	T15 我们（开发）部门的女性蛮多的，我去那边发现那边做业务的、做产品的都是女性
	A2 核心员工的性别结构	T13 那你想确实……别的项目我不说哦，至少Colline这边女的还是蛮多的，就是 Manager（层面）上的一些，development manager 啊什么
B2 高层管理岗位的性别结构	A3 最高管理层的性别结构	T2 我们总部最高层中应该是有两位女性，市场总监是女性，产品总监也是女性
	A4 女性进入最高层的难易程度	T5 其实我也在想啊，为什么我们公司的高层领导都是男同志啊？因为事业部老总未来的发展才能到公司的高层领导，像我们职能部门做管理的人是没办法进入那个层面的
B3 工作—家庭平衡的组织制度安排	A5 单位工作—家庭平衡的保护和关怀措施	T11 弹性工作时间也可以的。我们这边也有人是申请早上八点上班，五点下班的
	A6 上司对工作—家庭平衡的实际帮助	T13 你家里（有事情），可能一天两天没有关系，这边有人可以做你的 back up
B4 工作—家庭平衡的组织文化规范	A7 单位对工作—家庭平衡的态度	T15 女的有了小孩之后，确实是受了影响，结婚倒还不一定有这么大的影响，这个公司是有很多先例的，很多女同事生小孩以后都辞职
	A8 上司对工作—家庭平衡的态度	T16 她们工作上面只需要完成规定的任务，按时上下班就行了，这个呢她本身在工作上就不会有太高的追求，我不是说她做的工作质量不好，而是最起码在某一个阶段会处于这样一个状态
	A9 工作置于首位的非正式工作规范	T12 身体状况可能是一个问题，当然还有一个就是可能家里没有人照顾，所以就不停地延期产假，从公司来讲的话，如果这样的员工当 team leader 很多表率性上是跟不上的，公司毕竟还是以利益为前提的
	A10 危机导向的工作模式	T10 可能相对开发呢，是一个比较苦的一个活，就是说经常要加班，强度比较大

范畴	初始概念	原始资料示例
B5 提供培训和分配工作任务	A11 提供职业技能及相关培训	T10 这个东西还要看公司的发展和各方面重视程度，所以也不一定是跟我个人，如果我想做的是老板，那也不一定是吧，要看有没有这方面的积累、机遇和各方面的因素
	A12 承担重要、复杂的工作任务	T9 我们的公司也是一个很大的平台，我们可以把很多 HR 的模块搭建得更加成熟一点
B6 提供晋升和加薪机会	A13 职位晋升机会	T3 有时候 HR 职位调整会有一些其他的考虑，这个跟女生……咱们也坦白了说，是不是结婚了，是不是要小孩，这些都是很现实的问题
	A14 获得加薪和额外福利	T6 我们薪水都是保密的，当然薪酬跟你的职级是挂钩的（笑），这就要看你是不是能很好地抓住一切可能的升职机会了，毕竟位置就只有这些
B7 正式人际关系	A15 职业辅导	T7 只有在双方都感到这是一种通过努力才能获得的联结时，才能建立强有力的指导关系
	A16 职业保荐	T10 通常在寻找赞助者以及维持此类关系方面，男性比女性都要容易得多
B8 非正式人际关系	A17 与高层领导者的非正式接触	T7 想要融入男性的圈子也是蛮难的，比方说他们工作之余，他们会在一起喝喝茶，或者锻炼锻炼身体，但是作为女同志你就不太可能跟他们在一起做这样的事情，这种私人、私密的关系你就根本没有办法介入
	A18 同事间的非正式接触	T11 大家也会一起去吃饭或者听音乐会，也会互相串门，这种由于工作的关系而形成的友谊是特别牢固的
B9 对女性领导者表现出刻板女性特质和行为的态度	A19 对女性领导者帮助他人行为的理解	T4 女性被认为应该乐于助人，并且是她们自己愿意帮别人；男性对工作伙伴施以援手则被认为是在做额外的工作
	A20 对女性领导者（不）帮助他人行为的理解	T5 人们预设女性有为公共利益服务的意愿，一旦违背这种预设，女性就会在职场上受到惩罚；但如果拒绝帮助同事的是个男性，他通常不会受到什么惩罚

续表

范畴	初始概念	原始资料示例
B9 对女性领导者表现出刻板女性特质和行为的态度	A21 对女性领导者帮助他人行为的反馈	T8 当一个男性帮助同事时，被帮助者会觉得有所亏欠，并且非常有可能给予回报；但如果一个女性对他施以援手，这种受人恩惠的感觉就会相对减弱
B10 对女性领导者表现出刻板男性特质和行为的态度	A22 对女性领导者积极进取的理解	T12 她们算是很积极上进的，但是表现出来不给人一个很大的威胁，她就是自己做自己的事情，这样的话，这一点相对来讲会赢得比较多的人的支持
	A23 对女性领导者作风强硬的理解	T14 不是很强势，她工作很努力，但不会给人感觉她现在在盯着谁的位置，有的人太强势了，再能干的，有的人有其他的想法，可能就得不到全面的支持
B11 对女性领导者的认可	A24 占主导地位的领导风格	T16 像我们开发这边，男的比较多，可能更习惯于接受男性领导的一些……做法或者思维方式
	A25 女性高层的角色模范作用	T14 不管是她的生活还是她的工作，都是很 gental 还是什么样子
	A26 榜样的力量	T8 我觉得她是博士，C＋＋博士毕业过来，她给我的感觉就是很好，我觉得我将来的感觉就是这样的
B12 有效领导者模式	A27 男女两性领导者工作承诺方面的差异	T13 原来招她进来的时候是 leader，但是因为她生活压力比较大，然后跟预期有点差距，老公在国外读书，孩子还小……
	A28 男女两性领导者在承担工作压力和风险能力方面的差异	T12 因为这份工作本身要求的就是那几项素质，比如说：能够承受比较大的工作压力，然后对自己有更大的工作目标的要求，这些标准都是对男性蛮有利的
	A29 男女两性领导者在领导进取心、激情方面的差异	T9 客服那边女的比较多，销售这边女的就很少，客服的工作更加稳定一些，工作了一段时间相对来说家里条件还不错的话，就会结婚、生小孩之类的，销售这块就会比较弱一些
	A30 男女两性领导者在领导风格方面的差异	T3 女性更加缜密，带领团队的风格更加细腻，人际沟通大部分来讲可能更好一些；男性可能更加 aggressive 一些

范畴	初始概念	原始资料示例
B13 成功领导者模式	A31 鼓励个人独立解决危机和组织紧迫问题	T5 相对来说执行能力比较强，领导跟他说过的事情，他能够把这件事情干好，关键的时候你是能够站起来，能够拿得出手的，就是关键时候能够独当一面的
	A32 个人功绩对个人成败（升职还是降职）的决定作用	T4 其实主要还是看你平时的工作表现，我相信能够得到很好的晋升和领导的认可一定是能够将你的工作能力很好地转化为工作业绩，业绩其实是排在第一位的
	A33 相关他人的成长与个人成败（升职还是降职）的相关性程度	T9 我现在还没有直属的下属，一般都是跟财务共享中心的同事，因为他们的级别可能就稍微低一个级别，教他们怎么去做财务分析，怎样发现问题，这也是一个培养别人的过程
	A34 团队整体绩效对个人成败（升职还是降职）的决定作用	T1 考评会有团队指标，除了针对个人的考核
B14 成功归因	A35 将女性领导者的成功归因为外在的机会和运气	T4 之所以有今天的成绩，是因为我自己觉得我真的非常努力地工作，另外运气不错，得到了很多人的帮忙
	A36 将男性领导者的成功归因为内在的能力和技巧	T7 因为易才作为充分参与市场经济竞争的公司来说，其实还是蛮自由的，人才的流动还是很正常的嘛，如果你具备过硬的工作能力的话，比那种品德第一，能力第二的人来得更利落一些
B15 失败归因	A37 将女性领导者的失败归因为缺乏能力和经验	T15 销售的老大，之前就是女的，但是后来被（呵呵）……（表示同情）可能这个跟职场的斗争有关系吧，她其实是一个很优秀的女性
	A38 将男性领导者的失败归因为机会或运气不佳	T6 当一个男性失败的时候，他会归咎于"研究得不够"或是"对这件事本来就不太感兴趣"等
B16 男性刻板印象	A39 提供者	T7 一下招了6名研究生，全部是做人力资源和行政工作的，就是要让专业的人做专业的事情，因为我也不是专门学人力资源管理的，所以我们领导的魄力也很大

续表

范畴	初始概念	原始资料示例
B16 男性刻板印象	A40 有决断力	T8 项目上需要签字权、审核权，需要拍板或者决策的时候，那表现出来的完全是当机立断，或者怎么样怎么样，就不可能像女同志那样慢慢跟你怎么样怎么样的，这个都是靠自己的决策力
	A41 积极进取	T10 就是领导有这种意识，不仅产值达到第一、利润达到第一，而且包括我们打个篮球、羽毛球也是要争第一，领导的心态就是这样想的
B17 女性刻板印象	A42 关爱他人	T13 可能女同志更加便于沟通，因为她们接触的男同志比较多，就是我要是在项目上做总监，我跟我的施工单位、设计单位或者业主单位沟通
	A43 敏感	T9 可能因为性别的原因，这方面女性是占优势的，女同志心细一点，对事情发生的各种可能性都会比较敏感
	A44 热心于公共事业	T1 更容易从对方的角度考虑问题，考虑怎么样更加能够让对方接受，大家达成一致的意见，还有耐心方面
B18 对个人成就的信仰	A45 对即时产出的奖励	T2 因为工资这块的话，跟每一个人的利益都是息息相关的，基本上是大家生活的基本来源，对每个人都是很重要的，每个人都会看得很重
	A46 对工作结果可见性的要求	T4 我主要负责的是任务的分工，还有跨部门的协调，但是有些单子的话还是会自己留一些在手上操作的
B19 对他人成就的信仰	A47 对团队协作、解决冲突等工作的认可与奖励	T9 我们团队里面三个男孩子都是没有结婚生小孩的，我们一起出去活动的话，有两个比较腼腆一些，有一个比较放得开一些，另外一些女生都还蛮好的，都会跟他们开开玩笑，大家都会相互照顾什么的
	A48 对开发他人、能力建设等工作的认可与奖励	T8 你比如说之前新来的销售组织大家进行培训的一个体系都是我去做，设置课程、然后请讲师来教授这样一些课程，这个事情本来应该是他去联合人事部门去做的事情，包括我现在就不会去做这样的事情了

续表

范畴	初始概念	原始资料示例
B20 对个人英雄主义的态度	A49 将个人英雄主义描述为工作能力	T10 工作有责任感，不光是对工作本身的责任感，更重要的是对大家所从事的职业和大家所做的这样一个事情，他有一个对团队负责任，或者对公司的业绩负责任，这种责任感，能够身先士卒，很好地完成这些东西，我觉得这个蛮重要的，就是身体力行
	A50 对工作经验的描述倾向于男性经验	T13 有时候因为部门里面本身男性员工多，相对来讲沟通啊表达啊女性处于一个小群体
B21 对关系实践及其能力的态度	A51 对女性领导者关系能力的认可	T14 如果你出现错误的话有可能会影响到他一家人的生活
	A52 对工作经验的描述忽视女性经验	T12 你看我们上班，只要女的在一起，基本上大家聊得都是家庭啊、小孩啊，包括小孩学习啊各方面的东西，这在无形中增进了同事之间的感情
B22 个体性的组织有效性评价	A53 鼓励自我推销的行为	T9 后来正好我先生要过来，要到中国来，因为我们朋友在这里很成功，然后我就去问他，你想不想到中国来？一拍即合（大笑），所以我不去问他的话，Lombard Risk 还不会在上海
	A54 自我推销行为对组织有效性的评价	T6 我觉得这个问题是这样的，他如果有不同意见可以，那就是他要提出更好的建议嘛，如果他的建议大家评估一下，需要花多少精力，风险有多大，那可以做，如果他能提出更好的
B23 社群性的组织有效性评价	A55 对幕后支持行为缺乏认可	T5 因为我跟各部门沟通的时候我反对 HR 凌驾于其他部门之上，大家是平级的，我是合作，我是在帮你做事情
	A56 幕后支持行为对组织有效性的评价	T2 我们一起遵照公司的利益去做，我有义务你也有义务

概念，我们总共得到了 11 个主情境因素和 23 个子情境因素，同时也给出了每个范畴概念的内涵界定，具体如表 3-5 所示，其中，Cn 表示第 n 个主范畴。

表 3 -5　　　　　　　　　　　　　　主轴编码库

主组织情境因素	子组织情境因素	组织情境因素的内涵
C1 管理层的性别结构	B1 一般管理岗位的性别结构	除高层以外的管理岗位中男女两性领导者的性别比例
	B2 高层管理岗位的性别结构	高层管理岗位中男女领导者的性别比例
C2 工作—家庭福利	B3 工作—家庭平衡的组织制度安排	组织与工作—家庭平衡有关的正式制度安排
	B4 工作—家庭平衡的组织文化规范	组织与工作—家庭平衡有关的非正式文化规范
C3 人力资本投资	B5 提供培训和分配工作任务	组织是否向男性领导者提供更多的培训和工作任务机会
	B6 提供晋升和加薪机会	男性领导者是否更容易获得晋升和加薪机会
C4 组织内的人际关系	B7 正式人际关系	女性领导者与组织内关键人物之间以工作为主的关系
	B8 非正式人际关系	女性领导者与组织内其他人物之间相处的非工作关系
C5 组织行为理解	B9 对女性领导者表现出刻板女性特质和行为的态度	当女性领导者表现出刻板女性特质和行为时常常被忽视和低估
	B10 对女性表现出刻板男性特质和行为的态度	当女性表现出刻板男性特质和行为时会受到诋毁
C6 绩效评估	B11 对女性领导者的认可	单位中大多数人对女性领导者是否表示认可
	B12 有效领导者模式	单位中大多数人认为男性还是女性更适合成为领导者，何种领导模式更为有效
	B13 成功领导者模式	个人功绩、他人成长以及团队绩效是否对女性领导者的职位升降起决定性作用
C7 成败归因	B14 成功归因	对男女两性领导者成功的不同归因
	B15 失败归因	对男女两性领导者失败的不同归因
C8 男女两性固有形象刻画	B16 男性刻板印象	将个体性与男性相联系
	B17 女性刻板印象	将社群性与女性相联系
C9 对工作成就的界定	B18 对个人成就的信仰	组织内大多数人是否信仰和崇拜个人成就
	B19 对他人成就的信仰	组织内大多数人是否热衷于提升他人成就
C10 对工作能力、经验的界定	B20 对个人英雄主义的态度	对男性刻板的个人英雄主义是否存在偏好
	B21 对关系实践及其能力的态度	对女性刻板的关系能力是否存在偏见
C11 对工作行为的界定	B22 个体性的组织有效性评价	个体性是否对组织有效性的提升起决定性作用
	B23 社群性的组织有效性评价	社群性是否对组织有效性的提升起决定性作用

最后，选择性编码。以上开放性编码和主轴编码的分析展示了影响女性领导者职业成功的组织情境因素基本框架，但这个框架还只是一个初步解释，还需要进一步深入分析探索，这个过程需要借助选择性编码来实现。

选择性编码的主要任务是在所有已发现的概念类属中，经过系统分析选择一个核心类属，把它有系统地和其他范畴予以联系，验证其间的关系，最终形成一个具有分析力、能连接其他类别的完整解释架构。与其他类属相比，核心类属应该具有统领性，能够将大部分研究结果囊括在一个比较宽泛的理论范围之内。通过选择性编码，我们认为性别化的组织权力分配、性别化的组织价值评估和性别化的组织语言表达能够作为核心类属代表影响女性领导者职业成功的核心组织情境因素。影响女性领导者职业成功的组织情境构思模型如图 3 - 2 所示。

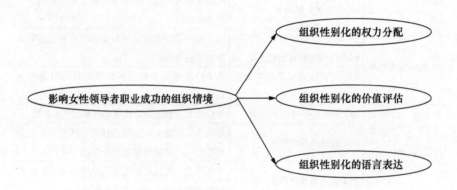

图 3 - 2　影响女性领导者职业成功的组织情境构思模型

（3）研究信度和效度。首先来看资料收集前的准备。在熟练掌握质性研究方法的基础上，围绕相关研究领域，笔者阅读了大量文献资料，并与课题组成员反复讨论，确定了大致的研究问题和初步的研究框架。为了保证每个个案研究的建构效度，我们根据研究问题确定了所需要以及可获得的证据种类，主要是来自各案例企业各级管理层的女性领导者和适当比例的男性领导者关于其职业发展所处组织情境的深度访谈、焦点小组讨论以及该企业的相关档案资料，从而构成研究中的证据三角形。我们首先对通过邮件的方式介绍本书的主要内容和目的，并就是否愿意接受本次访谈征求对方的意见，在得到肯定的回答以后我们会应受访对象的要求将本次访谈的主要提纲发给他们。访谈前我们首先对受访对象所在的单位及其本人进行信息搜索，一方面作为背景信息了解，另一方面还能有利于笔者在实际访谈过程中把控访谈的节奏，使双方的沟通更为顺畅。

接着来看资料收集的信度和效度。访谈之前先与对方取得联系，预约访谈时间，为了保证访谈的流畅性并尽可能丰富访谈信息，在征求被访者同意的情况下，我们使用了录音设备。访谈过程中，笔者尽可能引导受访者以故事的形式描述其所要表达的案例内容，笔者会根据实际情况进行追问，以进行背景信息和内在活动的深度挖掘。为了形成完整的证据链以提高研究信度，在访谈过程中，笔者同时采用变换问题的方式，即通过了解受访者与其所在组织环境的关系、互动及其对组织环境中相关他人的评价，而不是一味调查其自身的情况，这样可以有效避免不诚实回答。本书还要求访谈阶段研究人员及时记下受访对象对话当时主要的面部表情和肢体语言，以及所有当时给自己留下深刻印象的刺激，并在 24 小时之内将现场访谈录音转录成全文字。经过统计，每位受访者接受访谈的平均时间达到 1 小时 35 分钟，全文字稿平均达到了 19500 字。

最后来看资料分析的信度和效度。为了保证资料分析过程的信度以及所构建模型的效度，对收集到的资料进行编码时主要采取以下策略：①编码小组。为了规避编码者本人的个人偏见和主观随意性对编码结果的影响，减少研究结果中的误差和提高理论敏感性，本章所有的编码过程都是由 3 名专业人员进行资料分析，其中人力资源管理博士生 1 名、MBA 学员 1 名，首先各自独立完成，再对编码结果进行比较，对有差异的部分经过讨论取得共识，对于无法取得共识的部分编码交由第三位（一位人力资源管理方面的教授）进行评判，从而形成了研究人员三角形。②信息求证。就信息不完整、理解不一致的问题进行小组讨论，通过反复听录音或者向被访者进行求证，最终达成共识。③备忘录。笔者为每个案例都建立了一个表单进行备忘，详细记录该案例的编码和修改过程。④理论抽样和不断比较分析。这两种方法是扎根理论的核心分析策略，贯穿本章研究的整个编码过程，已形成的初始概念和类属对后面案例的编码过程起到指导作用，而每当有新的概念或类属发现，再与先前的编码结果进行分析和比较，必要时对之前案例的编码进行修正。⑤理论饱和度。理论饱和度是模型效度的重要保证，一般经验认为样本数在 20—30 之间即可达到理论饱和状态，本书的编码发现，当编码到第 15 个样本时，概念和类属已经基本饱和，而当编码到第 16 个案例时，就没有新的性质出现了，因此，本章的研究具有良好的理论饱和度和效度。

二 影响女性领导者职业成功的组织情境因素识别

通过深度访谈、焦点小组讨论和文档资料三角验证的数据收集，基于扎根理论，通过建立类属，并进一步分析类属之间的关系，我们最终构建了女性领导者职业成功的组织情境因素理论模型。为了让研究脉络更显简单易懂，我们将核心类属及其与其他类属之间的主要脉络关系绘制出来，并强调该三类核心类属间的相互作用，下面将女性领导者职业成功的组织情境因素及其内在关系结构绘制出来，如图 3-3 所示。

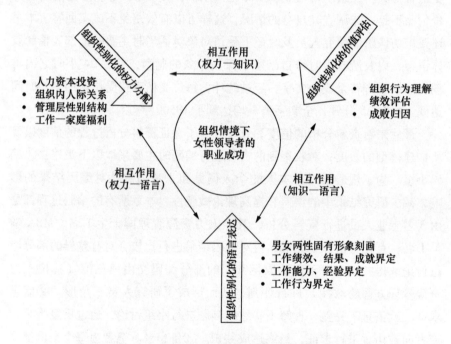

图 3-3 女性领导者职业成功的组织情境因素理论模型图

我们发现，影响女性领导者职业成功的组织情境因素可以概括为三个类属：性别化的组织权力分配、性别化的组织价值评估和性别化的组织语言表达，这恰恰与后结构主义聚焦权力、知识、语言三者关系的研究思路形成一致。下面我们将组织性别系统内的性别权力分配、性别价值评估和性别语言表达三者结合起来，探讨它们本身及其相互之间复杂的作用机制对女性领导者职业成功的影响，而非局限于某个因素，这样有助于我们充分挖掘和了解女性领导者获得职业成功的组织源头，为更好地创造有助于女性领导者成长为高层次人才的组织环境奠定理论基础。

人们普遍认为，和民族、种族与阶层等系统一样，性别是一个社会建构，而不是个体固有属性，是社会制度派生出来的一个概念。组织性别系统的核心内容是随着个体所处外部情境的变化而不断调整的，在某个特定的组织情境下，性别差异更多的是以人们遵从的信念和期望，以及他们所偏好的具体体验过程的形式表达出来的。正如 Ely 和 Meyerson（2000）研究所指出的那样，我们应该更加关注组织情境及其与性别有关的管理实践，诸如正式的政策和程序，非正式的工作规范与实践，工作场所互动以及叙述、修辞、故事等代表性语言表达，哪些组织特征能增强或破坏人们的性别刻板印象和传统性别规范，从而成为组织性别文化变革可能的介入点。

1. 性别化的组织权力分配

所谓性别化的组织权力分配强调组织资源、信息和机会如何在男女两性领导者之间分配的差异，而这种性别差异并不是被动形成的，而是若干看起来不起眼、实质主动的性别歧视或偏见。通过系统编码发现，性别化的组织权力分配主要表现为组织对女性领导者的人力资本投资、女性领导者在组织内的人际关系、管理层的性别结构以及组织与工作—家庭平衡有关的福利这四个方面的组织实践。受男女两性的社会角色规范和家庭劳动分工的影响，一般认为，男性处理公共领域工具性事务的能力与女性管理私人领域家庭情感方面的能力刚好形成互补；与此一致，人们将对工作和职业的期望主要放在男性身上，而对家庭和生活的期望主要依赖于女性。于是，在工作场所人们秉承了以上广为流传并为大众所接受的性别差异——私人—公共二分法，在组织信息、机会、资源等权力分配方面对男女两性领导者进行了区别对待。

访谈中我们发现，男女两性间差异化的人力资本投资是受访者提及最为频繁的组织情境因素，包括是否向男性领导者提供更多的职业培训，是否男性领导者承担更多更具挑战性、更为可见的工作任务，这些都是职业晋升重要的积累途径，正如某位受访者所说："有时候 HR 职位调整会有一些其他的考虑，这个跟女生……咱们也坦白了说，是不是结婚了，是不是要小孩这些都是很现实的问题。"另外，男女两性领导者在薪酬待遇和其他相关福利水平上的高低对比也是体现组织对其进行不同人力资本投资的重要方面。

也有不少被访者意识到，对于女性获得高层职位来说，组织内良好的人际关系，即社会资本积累比人力资本投资具有更重要的价值，尤其是与组织内核心人物之间的非正式接触及其关系质量，比如，导师、保荐人以及组织最高层管理者等，而这对于需要承担更多家庭责任、只能充分利用上班时间处理工作事务的女性领导者来说无疑是一种劣势，正如访谈中某位女性人力资源经理所说："想要融入男性的圈子也是蛮难的，比方说他们工作之余，他们会在一起喝喝茶，或者锻炼锻炼身体，但是作为女同志你就不太可能跟他们在一起做这样的事情，这种私人、私密的关系你就根本没有办法介入。"

与此同时，组织管理层的性别结构，包括一般管理岗位和高层管理岗位的男女两性比例，也是性别化的组织权力分配的重要体现。通过对比发现，在我们调研的 4 个案例企业，中基层管理岗位上男女两性领导者的比例没有显著的差别，甚至有的单位出现女性领导者的比例超出男性的情况，不可否认女性整体提高的受教育水平和女性领导者出色的协调、沟通能力在其中发挥着重要的作用。但是情况随着管理岗位的提升并没有随之好转，反而出现最高管理岗位上男女两性比例悬殊，甚至没有女性领导者出现的情况。访谈中某位女性总经理对这方面的问题一直保持很高的敏感性，她向我们表示"当更多女性进入高级领导阶层，用有力的声音表达她们的需求和关注时，组织内所有女性的处境也将随之得到改善"。

对于女性领导者的职业生涯发展来讲，不可避免地都需要处理工作—家庭冲突的问题，此时如果公司能够从正式制度安排和非正式文化规范双方面向其提供工作—家庭福利，无疑有利于女性领导者平衡工作和家庭两者之间的关系。经过调研后发现，各个案例企业在工作—家庭平衡的正式制度安排方面区别不是很大，对中层以上的女性领导者均能提供弹性工作制、工作分享、远程办公、在职休假、育儿津贴和保障措施等工作—家庭福利，但是如果组织现行的与如何界定工作（职业）成功或理想型员工有关的组织实践仍然基于源自男性传统模式——将工作置于首位的工作规范和危机导向的工作模式，要求"全身心投入"，"持续不间断的雇佣关系"，从而为组织提供尽可能多的便利，甚至单方面为组织做贡献。这种试图维持工作场所去性别化的组织规范及其实践不仅对于试图寻找生活的意义，并承担职业和生活双重责任的女性是一种损害；从组织的角度来看，这样的组织规范和实践将长期延续时间使用低效率的现状，对危机导向工作模式的默认和鼓励也将破坏工作场所的正常秩序。事实上，组织奖励的也很可能是与能力和任务无关的组织行为。

至此，性别化的组织权力分配是影响女性领导者职业成功的组织情境因素之一。所谓性别化的组织权力分配是指组织资源、信息和机会在男女两性领导者之间的分配结构及相关安排，组织对男女两性领导者的人力资本投资、男女两性领导者在组织内的人际关系、组织管理层的性别结构以及组织提供的工作—家庭福利共同构成了性别化的组织权力分配。如果传统社会性别观念延伸到工作场所，组织认同并支持"男主外，女主内"的性别分工，即组织认为男女两性领导者在组织行为方面具有很大的差异，他们分别代表了公共—私人二分法的两个极端，并将更多的工作权力、资源和机会分配给男性，那么性别化的组织权力分配便成为影响女性领导者职业成功的组织情境因素。性别化的组织权力分配不仅影响女性领导者的职业成功，同时对组织产出及其有效性也具有重要的意义和价值。

2. 性别化的组织价值评估

所谓性别化的组织价值评估指的是组织对男女两性性别刻板特质和行为的价值评估以及对男女两性领导者分别表现出男女两性刻板特质与行为的感知，而以上评估和感知并不是自然形成的，而是传统社会性别规范和家庭分工在工作场所的延伸。通过系统编码发现，性别化的组织价值评估主要表现为组织对男女两性领导者组织行为的理解、对女性领导者的绩效评估以及对男女两性领导者的成败归因这三个方面的组织实践。受传统社会性别观念的影响，工作场所中人们仍然将男性和女性气质的固定化、对立化，即基于性别刻板印象和传统性别规范对男女两性进行评估和感知。

人们对男性抱有职业成就方面的期待，对女性这方面的期待则可有可无，这将直接影响到人们对男女两性领导者组织行为的理解。或许是由于男性在历史上长期占据高层领导地位，以至于人们把关于领导者的特质与男性的特质混为一谈，不加区别了。一方面，男性的进取、强大、成功会受到人们的称赞、喝彩；相反，积极进取、作风强硬的女性违反了社会关于"可接受行为"的不成文规则，因此表现出同样特点的女性常常会受到社会的惩罚。更加糟糕的是，这种成见也会不同程度地被女性自我强化，所以一部分女性也就不指望获得这样的角色；即使是对事业有所追求的女性领导者，聪明的做法就是"做好自己的事情，表现出不给人带来威胁的样子"，这样才能够得到更多人的支持。另一方面，由于性别成见，女性有时还必须在没有任何额外报酬的情况下做额外的工作，人们预设女性有着为公共利益服务的意愿，一旦违背这种预设，女性就会在职场上受到惩罚。当一个女性对他施以援手，这种受人恩惠的感觉就会相对减弱，女性被认为应该乐于助人，并且她们自己也愿意帮助别人；但男性对工作伙伴施以援手则被认为是在做额外的工作，他会得到更好的评价、加薪和奖金等回报，被帮助者会觉得有所亏欠，并且非常有可能给予回报。而当一个女性拒绝帮助同事的时候，她通常会得到不太有利的评价，回报也很少；但如果拒绝帮助同事的是个男性，他通常不会受到什么惩罚。

　　由于组织结构扁平化和团队职能交叉的发展趋势，"创建关系网络"、"分享责任"以及"为他人的成长做出贡献"已经逐渐成为示范性领导行为，这些领导行为原本就具有女性特征，而且人们对有效领导的评价往往以关系、他人导向且女性刻板特质为主。访谈中，当被问及男女两性领导风格差异时，多数受访者表示他们彼此基于对世界如何运作的不同假设，女性进行管理和领导的方式和男性不同，比如，"女性高管领导者更注重相对柔性的管理风格，她们按照自己的方式工作，努力诱导、说服、促动和培养他人，倾听、理解和重视人们做出的贡献，感受和同情其他人的想法"。

　　与此同时，我们还发现越来越多的组织成员对女性领导者表示认可，比如，从对某女性人力资源经理的访谈中不难感受到其女性上级给予他职业生涯发展的榜样的力量："我觉得她是博士，C＋＋博士毕业过来，她给我的感觉就是很好，我觉得我将来的感觉就是这样的。"另外，在某些出现女性高层管理者的案例企业中，她们自身的成长尤其是她们处理工作、家庭、个人多重角色的成功经验成为了该公司其他女性领导者职业成功的角色模范，正如下面这位女性部门主管所表述的那样："不管是她的生活还是她的工作，都是很知性的样子，我觉得这才是最值得我敬佩的地方，也是我终生需要学习的一门课程。"尽管如此，多数案例企业中占主导地位的领导方式仍然是男性化的领导方式，同时组织对领导者的绩效评估仍然是基于个人成就，而非他人成就或团队整体绩效，即人们对成功领导者的评价仍然主要集中在个人、自我导向且男性刻板特质等方面，从而认为与男性领导者相比，女性领导者被认为具有较低的工作承诺，她们在

"领导进取心"、"工作激情"方面总是差一些，她们"在关键时刻承担工作压力和风险的能力不如男性"等。

这样一来，女性领导者便发现自己陷入了两难境地：当有悖于性别刻板印象或不遵从传统性别规范时，就会受到相应的显性或隐性的惩罚；而当女性领导者遵从传统性别规范，表现出女性刻板特质与行为时，又会被组织其他成员所忽视，这无疑提升了不符合组织成功模型的女性员工的不满意度和离职率。

更加糟糕的是，人们对男女两性领导者的成功和失败归因有着双重标准。如果让一个男性解释自己的成功，他通常会归因于内在的能力和技巧；如果问女性同样的问题，她一般会将成功归因于外部因素，比如，之所以表现得好是因为"真的非常努力地工作"、"运气不错"、"有别人的帮忙"。在解释失败的时候，男女也不同，当一个男性失败的时候，他会归咎于"研究得不够"或是"对这件事情本来就不太感兴趣"等；当一个女性失败时，她会相信是由于自身缺乏能力所导致的。类似的，当一个男性和一个女性接收到负面反馈时，相比男性，女性的自信和自尊都会受到更大的打击，由此引发的失败和不安全感的内化会伤及她们未来的表现，所以这种心理模式具有长期严重的负面影响。

以上性别化的组织价值评估造就了人们关于男女两性形象、特质的差异化感知和评估——男性气质—女性气质二分法。由于女性与男性形象之间的不匹配，自然也就不适合组织成功模型，从而使得女性领导者的职业生涯发展处于劣势地位。不仅如此，以上组织情境知识的产生过程中，只有有限的声音被听到，这些声音来自用来判定某人是正确还是错误的传统标准或普遍共识等意识形态，并随其组织社会化过程被渐渐确定下来，因此只有占主导地位的组织成员——往往是男性的经历和经验才会被认定并沉淀为知识，最终对有可能提高工作有效性的工作方式和风格起到抑制作用。

至此，性别化的组织价值评估是影响女性领导者职业成功的组织情境因素之二。所谓性别化的组织价值评估指的是组织对男女两性领导者性别刻板特质和行为的价值评估以及对男女两性领导者分别表现出男女两性刻板特质与行为的感知，组织对男女两性领导者差异化组织行为的理解、绩效评估及对男女两性领导者成功和失败的归因共同构成了性别化的组织价值评估。如果组织基于性别刻板印象对男性和女性进行感知和评估，即认为男女两性领导者在个体特质、气质方面存在很大的差异，它们分别代表了男性气质—女性气质二分法的两个极端，并对男性刻板特质和行为给予更高的评价，那么性别化的组织价值评估便成为影响女性领导者职业成功的组织情境因素。性别化的组织价值评估不仅影响女性领导者的职业成功，同时对组织产出及其有效性也有很大的负面影响。

3. 性别化的组织语言表达

所谓性别化的组织语言表达着重分析的是工作场所人们对男女两性刻板形象的刻画与描述及其与组织成功模型（比如，组织对工作能力、工作行为有效性及工作成果的界定）之间的匹配程度，而组织话语中现行的、常识性的工作概念内涵并不是一个被动的概念，而是一个看起来不起眼但实际是主动的性别权利分配和运用的结果。通过系统编码发现，性别化的组织语言表达主要表现为工作场所人们对男女两性领导者固有形象的刻画、组织对工作能力的界定，对工作行为有效性的评价以及组织对什么是工作结果、绩效、成就的界定等方面的组织实践。组织语言表达并不是性别中立的；相反，它是一种构造意识形态价值观的途径，意图延伸和拓展主流人群的社会利益。

性别化的组织语言表达首先体现在人们对男女两性固有形象的刻画上。不管受访者是男性还是女性，也不论其所处的管理层级，人们对男女两性领导者的刻板印象都深深印刻在人们的脑海中，人们对男性领导者的刻板印象是，他们是"提供者"，他们"有决断力"，他们做事情尤其是在事业上"积极进取"；而人们对女性领导者的刻板印象是，她们"情感细腻且敏感"，她们"关爱他人"，并"热衷于公共事业"。甚至女性领导者自己也不太可能像男性那样认可以下的自我描述："不管是什么领域，我希望在我从事的最后工作中获得领导者的角色"，她们不太会像同龄的男性那样，用"领导者"、"有远见"、"自信"和"愿意承担风险"等字眼来形容自己。

不仅如此，性别化的组织语言表达还体现在组织对工作行为、工作能力、工作绩效、结果、成就的界定方面。一般观点认为男女两性基于对世界不同的假设，它们反映了两套完全不同的联想体系：一套是社群性（communal）的，另一套是个体性（agentic）的，男性被认为具有个体性特质，更具决断性和支配力，他们富有攻击性、雄心勃勃、有统治力、自信、强硬，同时更倾向于独立自主和我行我素；与此相对应的，女性被认为具有社群性特质，待人接物常常为他人着想，具体来说，她们富有爱心和同情心、乐于助人、友好善良，在人际交往中表现得敏感、温雅、言语温和。

在组织社会化过程中，人们对哪些工作行为是有效的，哪些行为是可有可无的有着几乎一致的判断。调研中发现，人们一方面鼓励自我推销的工作行为，认为这种行为对组织有效性有着很大的帮助，正如访谈中某位女性总经理所讲述的自己的亲身经历："正好我先生要过来，要到中国来，因为我们朋友在这里很成功，然后我就去问他，你想不想到中国来？一拍即合（大笑），所以我不去问他的话，Lombard Risk 还不会在上海"；另外，往往对幕后支持行为（比如，"建立联系"、"赋权"、"促进团队协调与合作"、"冲突处理"等）的态度则多数没有给予足够的重视，大家都觉得此类行为在一定程度上能够起到"润滑"的作用，但组织的有效运行来说并不是非要不可的。事实上，女性领导者这些行为正是在谈判中更为关注他人感受和互利共赢的女性领导者可能拥有的，正如访谈中某位女性人力资源总监所讲述的那样："由于我们和老板之间的密切合作，我觉得 HR 部门在其他人眼里地位已经很高了，那么我跟各部门沟通的时候我反对 HR 凌驾于其他部门之上，大家是平级的，我们是合作，我是在帮你做事情，这一点是我一直以来奉行的工作原则。"她们的种种有助于提高团队或组织整体效率的幕后支持工作行为所带来的利益和价值并没有得到组织的认可和奖励，这是她们职业发展受阻的原因之一。

从工作场所互动中人们对工作能力和工作经验的刻画来看，组织对工作能力的描述倾向于个人英雄主义，比如，"独自面对客户"、"独立解决问题"、"将整个公司从危机中解救出来"等字眼通常都是人们对有能力的领导者的描述。正如某公司一位男性销售经理在回答什么样的特质或什么样的人比较容易在公司获得高层的认可时所讲述的那样："相对来说，执行能力比较强，领导跟他说过的事情，他能够把这件事情干好，关键的时候你是能够站起来，能够拿得出手的，就是关键时候能够独当一面的。"与个人英雄主义不同的是，传统意义上人们认为应保持公共领域和私人领域的相互独立性，且女性领导者更多地投入家庭或社区等私人领域照顾他人（包括丈夫、子女以及其他家庭成员、社区成员等）的事务处理上，她们对关系实践及其能力有着本能、固有的偏好。有学者发现，照顾他人的情景有助于鼓励人们全盘考虑问题，并随时对可能发生的变化保持敏感，整合情感、认知和行为以做出反应，从而有利于培养人们的关系技能（Johansson，1995）。公司某高层领导在谈及什么样的人更容易被他人认可时强调创建团队的重要性："不光是对工作本身的责任感，更重要的是对大家所从事的职业和大家所做的这样一个事情，他有一个对团队负责任，或者对公司的业绩负责任，这种责任感，能够身先士卒，身体力行，很好地完成这些东西，我觉得这个是蛮重要的"，但是一旦女性领导者表现出建设团队的工作行为时，则往往会被忽视，被认为这些行为是女性的本能反应，或者被认为是个人的目的性，于是在组织社会化过程中女性的此类行为渐渐消失了："现在的话，有时候没有把握或者觉得因为没有必要的时候，我也不会马上告诉他（直接上级）怎么样怎么样，我觉得也没有那么多的必要。"

　　再从组织情境下人们对工作绩效、结果的界定来看，不管是何种类型的企业都很重视对个人导向的工作成果（尤其是即时产出和可见的结果）进行奖励。调研中某位女性部门负责人向我们表示，自从她接手该部门以来，团队规模已经从过去的三个人扩大到现在的二十几个人，然而尽管其目前的主要工作职责是团队的管理，但似乎她并没有做好从普通员工到团队管理者的角色转换，正如她所表述的那样："我主要负责的是任务的分工，还有跨部门的协调，但是有一些单子的话还是会自己留一些在手上操作的。"事实上，她并没有把管理团队当成是一种真正意义上的工作，因为这些都不能创造直接而可见的工作成果。与此同时，不同案例企业对团队合作和发展工作等相关工作结果的态度不尽相同，对他人成就是否构成其工作成就的界定也大相径庭，比如，在案例企业 A 中某位女性销售经理向我们表示："你比如说之前新来的销售组织大家进行培训的一个体系都是我去做，设置课程、然后请讲师来教授这样一些课程，这个事情本来应该是他去联合人事部门去做的事情，包括现在我就不会去做这样的事情了，很多事情你做过三次以后人们自然就会认为这件事情就应该是你去做的"，而在案例企业 D 中，从我们对该公司某高级财务分析经理和某人力资源总监的访谈中都能发现，团队绩效和帮助他人成长是在该公司对经理以上人员绩效考核的两大重要指标，比如，"我们考评除了针对个人的考核以外，还会有团队指标"以及"我现在还没有直接的下属，一般都是跟财务共享中心的同事，因为他们的级别可能就稍微低一个级别，五六级别这个样子，教他们怎么去做财务分析，怎么样发现问题，这也是一个培养别人的过程"。

以上组织性别语言描述造就了人们对男女两性差异化工作态度和行为的刻画——个体性是与男性气质和男性身份联系在一起，社群性则是与女性气质和女性身份绑定在一起，组织对男性和女性的不同工作行为、工作能力和工作结果给予不同的认可和奖励。从组织的角度来看，组织性别语言描述影响下的个体性—社群性二分法不仅允许英雄为他们自己创造与业务要求不相关或根本不必要的角色，更重要的是，阻碍发展他人也不利于构建和计划系统有力的基础建设系统。

至此，性别化的组织语言表达是影响女性领导者职业成功的组织情境因素之三。所谓性别化的组织语言表达是指工作场所人们对男女两性刻板形象的刻画与描述及其与组织成功模型之间的匹配程度，组织对男女两性领导者固有形象的刻画，对工作能力、工作行为及对工作绩效、结果和成就的界定共同构成了性别化的组织语言表达。如果组织的成功模型（包括对工作行为、能力与结果的界定）反映和支持男性领导者的经验，而对女性领导者的关系实践、能力及相关结果的描述和刻画缺乏代表性话语，即认为男女两性领导者在职业价值观、心理方面存在很大的差异，他们分别代表了个体性—社群性二分法的两个极端，且对男性刻板的个体性具有更高的倾向或偏好，那么性别化的组织语言表达便成为影响女性领导者职业成功的组织情境因素。性别化的组织语言表达不仅影响女性领导者的职业成功，同时对组织产出及其有效性也具有重要的意义和价值。

由此可见，组织性别及其差异往往是与某人所处的特殊组织情境联系在一起的，并通过诸如组织资源的分配、组织科层结构安排、工作场所互动实践、工作—家庭劳动分工等性别化的组织情境及其实践活动得以形成。身处组织情境中的人们对性别个体赋予特殊的意义和价值，而这一意义和价值造就了两个看起来显著不同的人群——男性和女性，因此，组织情境及其实践不仅对女性领导者的个人职业生涯成功具有重要影响，对同样身处组织情境的男性领导者的成长与发展甚至整个组织的产出及其有效性也具有重要价值。如表3-6所示，通过综合以上各个研究命题，对比分析组织性别化的主题、实践及其结果，我们系统地解构了组织性别系统。

表 3 - 6　　　　　　　　组织性别化主题、组织实践及其结果

组织情境因素	组织中的性别差异	组织实践	女性职业成功	组织有效性
性别化的组织权力分配（power）	公共—私人二分法（public - private dichotomy）	理想的员工是将工作置于首位；危机导向的工作模式；维持去性别化工作场所幻想的规范	女性承担更多的抚养义务；而女性被认为具有较低的工作承诺	长期延续的时间使用低效率；鼓励危机；对与能力和任务无关的行为进行奖励
性别化的组织价值评估（knowledge）	男性气质—女性气质二分法（masculinity - femininity dichotomy）	将男性和女性的对立固定化；基于性别刻板印象对男女两性进行评估和感知；当人们不遵从传统性别规范时，会受到相应的惩罚	女性与男性形象之间不匹配，从而不适合成功模型；当女性表现出刻板女性行为时常常被忽视和低估；当女性表现出男性气质时会受到诋毁	主要以成功模型来衡量成功；对有可能提高工作有效性的工作方式和风格起到抑制作用；提升了不符合成功模型员工的不满意度和离职率
性别化的组织语言表达（language）	个体性—群体性二分法（individual - collectivism dichotomy）	对工作能力的描述倾向于个人英雄主义；对即时产出和可见的结果进行奖励；缺乏对团队合作和发展工作的认可与奖励	个人英雄主义与男性相联系；关系型行为与女性相联系；对男性和女性的不同工作行为给予不同的认可和奖励	允许英雄为他们自己创造与业务要求不相关或根本不必要的角色；阻碍发展他人、计划和对基础建设系统的构建

三　影响女性领导者职业成功的组织情境因素的相互作用

组织情境的三个类属并不是独立地对女性领导者的职业成功产生作用，相互之间还存在紧密的联系，三者之间通过相互作用从而作为一种整体对女性领导者实现职业生涯成功产生着影响，聚焦权力、知识、语言三者之间的关系的后结构主义探究为我们提供了重要的研究思路。

1. 性别化的组织权力分配——性别化的组织价值评估相互作用

持后结构主义视角的学者始终对卓越或普遍性的真理抱一种怀疑的态度，他们致力于证实人们用来判断某件事情是正确还是错误的一系列标准是由思想观念所决定的，其本身是一个权力运用的过程。换句话说，组织性别权力的分配和运用使得工作场所中只有有限的声音被听到，有限的经

验被界定为知识，从而左右着工作场所人们对男女两性的价值评估。

访谈中我们发现，组织看似性别平等、实际具有性别偏见的权力结构安排导致女性领导者在组织价值评估中处于劣势地位。传统意义上人们认为公共领域和私人领域是相互独立的，其中人们总是将公共领域的工具性事务与男性身份相联系，而认为女性应更多地投入家庭或社区等私人领域照顾他人（包括丈夫、子女以及其他家庭成员、社区成员等）的事务处理上。与此一致，人们并没有将对工作和职业的期望放在女性领导者身上，组织及其管理者们更多地认为女性缺乏成为高层领导者的能力和经验。如果女性想要获得组织及其他成员的认可需要学会融入男性的世界，适应男性占优势的企业文化或环境，于是就果断领导、制定决策等方面对女性进行培训，甚至开设了一些正式的咨询项目以对女性被排斥在非正式交际圈之外进行补偿，但这些新的知识、技能的获得绝对无法根除那些阻碍绝大多数女性职业成功的组织根深蒂固的权力分配因素。

访谈中我们还发现，管理层的性别结构反映了组织权力分配问题对组织内人际关系、绩效评估以及人们对女性领导者差异化组织行为的理解产生着影响。有的被访者认为男性比例占优的组织情境不利于调和女性高层领导与组织内其他女性以及组织内其他女性彼此之间的关系，一方面组织内其他女性很少将这些已经成功晋升到组织高层的女性表示认可，更不用说将她们作为自己在组织内职业发展的榜样和自己处理多重生活角色的模范示例。另一方面，更糟糕的是，除组织高层女性以外的其他女性更倾向于认为她们彼此之间是竞争而非合作关系，因为她们需要为有限的女性高层职位展开激烈的竞争。还有被访者谈及组织高层领导中女性的低比例似乎给组织中的其他女性发出这样的信号，即作为女性是一种负债，女性必须在表现出竞争力和讨人喜欢之间做出选择，同时这种信号也会阻止未来可能成为女性领导的女性转向当前的女性高管寻求有关职业发展的建议或帮助。

以上权力和知识的相互作用渐渐造成组织高层中女性比例越来越小，使得女性职业生涯发展陷入恶性循环。

2. 性别化的组织权力分配——性别化的组织语言表达相互作用

从后结构主义视角出发，既然人们用来判断某件事情是正确还是错误的一系列标准是由思想观念所决定的，其本身是一个权力运用的过程，那么人们用来对某件事情的正确还是错误进行描述或刻画的语言也就带有权力的色彩。因此，权力运用的结果不仅包括知识的产生，也会产生归属该组织的特有的语言，从而使得只有某种语言具有组织合法性。

　　或许是传统社会性别观念在工作场所的延伸，又或许是由于男性在历史上长期占据高层领导地位的原因，组织情境或多或少仍然认同"男主外，女主内"的家庭分工。在工作—家庭关系处理方面，组织及其管理者认为理想的领导者是将工作置于首位，且能够很好地适应危机导向的工作模式的领导者，这对于试图追求事业成功同时平衡家庭生活需要的女性领导者来说无疑处于劣势地位。调研中发现，尽管4家案例企业都拥有工作—家庭平衡政策，比如，提供弹性工作制的岗位、允许有需要的管理者申请在家办公等，但是却很少真正有女性领导者申请使用这些福利、政策。不少被访者表示，如果没有家庭友好型组织文化和直接上司的支持和鼓励，这些福利政策也不会被没有任何惩罚地利用；相反，在家庭友好型组织情境下，即使在关键时刻某领导在工作和家庭两者之间选择了后者，而这一决策给公司带来了损失，公司及其上下成员反而会理解他的选择，并给予其包容，更不用说会受到任何显性或隐性的惩罚了。

　　除此之外，女性领导者的人力资本投资也常常处于劣势地位。调研中不少人都已经意识到找到合适的职业导师和保荐人对个人事业的发展有着难以估量的价值，但同时不难发现，女性领导者在找到合适的职业导师和保荐人方面需要更多的时间。除此以外，女性需要比男性花费更多的精力来证明自己。正如某位刚晋升为公司全球产品总监的女性领导者所说的那样："男性的晋升基于其自身的潜力，而女性的晋升则是基于其已经获得的成就。"就组织内的人际关系而言，调研发现跟男性相比，女性拥有的异性社会网络联系的比例较少，这种差异的主要原因是男性和女性处在不同的社交圈中，组织社会网络的分割本质将女性与重要的社会联系和社交活动隔离开来。在这样的组织情境下，女性领导者被认为具有较低的职业动机和工作承诺，似乎女性领导者常常选择"自我退出"，或者常常"远离"职业晋升通道。事实上，越来越多的女性离开公司框架创建属于自己的公司，或者做专业培训或个人咨询，甚至选择继续深造，从而重新平衡职业生活和个人生活，但是她们仍然被认为是不成功，对于她们而言，仍然缺乏组织职业成功话语。

　　尽管组织资源、信息和机会等重要权力的分配对人们的工作场所关系、互动及人们对工作概念的理解具有一定的作用，但是访谈中也涌现出了"抵制权力"的概念。换句话说，组织语言表达中权力运用并不是绝对的，而是相对的、临时的，需要根据具体情况而定，从而强调性别化的组织语言表达对性别化的组织权力分配系统的重构。

组织工作—家庭边界的放松有利于培养员工照顾他人的意识，组织可以鼓励某种形式的家庭投入或社区投入，或者让工作场所以外的相关人员（比如，员工的子女、双亲、学校的孩子或者医院的病人等）参与进来以帮助培养员工的关系技能。这显然是对我们传统意义上认为的应保持公共领域和私人领域的相互独立性，男性更多地与公共领域相关，而女性则更多与私人领域的事务绑定，更多投入家庭或社区的女性其工作承诺水平较低。组织工作—家庭边界的放松有利于培养员工照顾他人的意识，为关系实践及其能力提供更多的话语空间，同时，通过强调组织放松工作—家庭边界可能带来的益处，也很有可能改变组织情境下工作和家庭之间的关系前景。

3. 性别化的组织价值评估——性别化的组织语言表达相互作用

社会现实及其主流模式都是在实践中被人为建构起来的。事实上，我们通常面临的组织现实是，来自边缘化群体成员的女性领导者的个人利益、情感经历或生活经历等声音被沉默，她们的经验没有被认可为知识，此时组织话语便成为人们构建社会现实的强有力工具。如果缺乏话语实践，那么就不可能存在任何经验，也就没有所谓的知识。

调研中发现，人们对男女两性固有形象的刻画塑造了人们对男女两性组织行为的理解及其对男女两性成败的不同归因，而正是由于人们对男女两性关系实践的错误理解和归因，其关系导向的组织行为会渐渐在组织情境下消失。典型的事例如下：如果个人利益和工作利益发生冲突，女性领导者选择牺牲个人利益，顾全大局，那么她们会被认为对自己缺乏自信，缺乏领导进取心。与此同时，人们预设女性有为公共利益服务的意愿，于是女性领导者被认为应该乐于助人，并且是她们自己愿意帮助别人，而不索取任何回报，因此，女性领导者发展他人、帮助他人成长的组织行为并不会得到更好的评价、加薪或晋升等回报。

另外，由于人们总是试图延伸和拓展主流群体的社会价值观和利益，此时组织话语便成为权力运用的关键途径。由此可见，性别化的组织语言表达在性别化的组织权力分配和性别化的组织价值评估两者之间起着重要的中介作用。

在对比分析大量关于领导风格性别差异的访谈资料后发现，大多数被访者认为女性和男性确实存在着不同的领导风格。有人认为女性相对于男性倾向于采用更为民主型和参与型的领导风格，而较少采用专制型或指导型的风格；也有人指出女性更乐于鼓励、参与、共享权利与信息，并努力提高下属的自我价值，男性则更乐于使用指导型、命令加控制型的风格，他们以自己所在岗位所赋予的正式权力作为影响基础，通过奖励优异工作、惩罚不良行为实施领导职能；另外还有受访者指出，女性倾向于通过包容进行领导，并以她们自己的领袖魅力、专业知识和人际交往能力来影响他人，通过把员工的自身利益转化为组织的目标来激励他人等。然而调研中还发现，组织情境下人们的语言表达并不是性别中立的；相反，它成为构造意识形态的一种有力途径。女性领导者的种种有助于提高组织整体效率的组织公民行为，如建立联系、赋权、促进团队合作以及处理冲突原本就具有女性特征，但是它们从来就没有被公认为女性专属，这些行为所带来的利益和价值也并没有得到组织的认可和奖赏。调研中不难发现，在以男性为主导的组织情境中，女性领导者更为民主的倾向减弱了，部分原因可能是因为群体规范和男性角色的刻板印象大大超过女性领导者的个人偏好，女性领导者在这些场合放弃了她们的本质风格而以更为专制的风格采取行动。

本章小结

和民族、种族、阶层等系统一样，性别是一个社会建构，总是与具体情境联系在一起的。在某个特定的组织情境下，性别将通过以下途径或形式得以体现：社会资源的分配、组织科层结构和工作场所互动实践、家庭劳动分工以及人们对作为个体所赋予的意义和价值。从性别视角出发，在梳理后结构主义理论、组织中的性别概念界定和女性领导者职业生涯成功影响因素三部分研究文献的基础上，本章基于扎根理论，收集了来自深度访谈、焦点小组讨论和文档资料三角验证的数据资料，并严格遵守 Glaser 和 Strauss 的三级编码程序对以上资料进行了系统编码，最终识别出了影响女性领导者职业成功的组织情境因素及其结构，提出了女性领导者职业成功的组织情境影响因素模型。

研究结果主要包括：（1）影响女性领导者职业成功的组织情境因素主要有三个，它们分别是性别化的组织权力分配、性别化的组织价值评估和性别化的组织语言表达，其中，性别化的组织权力分配主要指组织资源、信息和机会在男女两性领导者之间的分配结构及相关安排，性别化的组织价值评估强调组织对男女两性领导者性别刻板特质和行为的评估和感知，性别化的组织语言表达则强调工作场所人们对男女两性刻板形象的刻画与描述及其与组织成功模型之间的匹配程度；（2）组织情境通过性别化的组织权力分配、性别化的价值评估和性别化的语言表达与性别差异相联系，即组织中一系列复杂的社会关系及其互动主要通过性别化的组织权力分配、性别化的组织价值评估和性别化的组织语言表达这三个途径造就了两个看起来显著不同的人群——男性和女性，并在公共—私人二分法、男性气质—女性气质二分法和个体性—社群性二分法三方面区别开来；（3）组织情境的三个类属性别化的组织权力分配、性别化的组织价值评估和性别化的组织语言表达并不是独立地对女性领导者的职业成功产生作用，相互之间还存在紧密的联系，三者之间通过相互作用从而作为一种整体对女性领导者实现职业生涯成功产生着影响；（4）性别化的组织权力分配、性别化的组织价值评估和性别化的组织语言表达不仅影响女性领导者的职业生涯成功，同时对整个组织的产出及其有效性也具有重要的意义和价值。以上研究结论为本书后续探索组织情境对女性领导者职业成功的影响机制奠定了理论基础。

第四章 性别化的组织情境量表开发与验证

经过文献梳理发现，作为组织生活不可缺少的一部分，组织情境并不是性别中立的，诸多管理实践反映和支持的是男性工作和生活经验，从而阻碍了女性获取、维持自身权力和利益；进一步，我们从管理研究的视角出发，基于扎根理论，挖掘了影响女性领导者职业成功的组织情境因素及相互作用。鉴于国内外学者对女性领导者职业生涯发展所处组织情境的性别属性缺乏深刻的认识，对其内容结构尚未形成系统的理论框架和完整的测量量表，本章将在上一章女性领导者职业成功的组织情境因素模型的基础上，从性别研究视角出发，对性别化的组织情境进行解构，并开发和验证性别化的组织情境量表，为后续探究组织情境对女性领导者职业成功的作用机制提供工具性支持。

第一节 性别化的组织情境测量的理论依据

既然构成组织中性别概念的一系列社会实践反映的是其背后复杂的社会关系，那么我们就应该清楚地意识到性别解释与其所处的组织情境因素很难区分开来，性别的替代性因素也具有性别印迹的可能性，即组织情境及其管理实践本身并非性别中立的。今天组织中的大部分性别歧视都是隐性的，以至于几乎无法识别，甚至那些身处其中的女性也经常觉得很难找出是什么对她们的职业生涯发展造成了伤害。为了探究组织情境下女性领导者实现职业生涯成功的内在机制，帮助更多的女性成长为高层次人才，我们不仅要关注影响女性领导者职业成功的显性组织正式制度和规范，更要挖掘组织内部存在的那些看似公平的日常工作惯例和做法。

对现有的组织情境下性别研究的梳理发现，构成人们性别概念理解的社会实践至少包含以下三种类型：①组织资源、信息和机会分配的正式政策、程序和非正式规范；②组织行为期望、能力感知、价值评估等社会互动模式；③组织叙述、修辞、语言及其他代表性表达。这些社会实践或支持或质疑男性优于女性、男性特质优于女性特质这一价值观念，进而或增强或挑战人们对男性或女性本身意味着什么这一概念理解，最终影响女性领导者职业成功。

一 性别化的组织权力分配

所谓性别化的组织权力分配，指的是与组织资源、信息和机会分配有关的组织正式政策、程序和非正式规范，具体体现在组织对男女两性领导者的人力资本投资、组织管理层的性别结构、男女两性领导者在组织内的人际关系以及组织所提供的工作—家庭福利等方面。

有研究认为，与工作相关的人力资本投资和开发能够解释男性和女性领导者在工资和管理层级方面很大一部分的差异（Melamed，1995）。众所周知，今天的男性总体上依然比女性享有更高的薪酬收入和福利待遇，主要表现为同工不同酬（张丹丹，2004），或者价值歧视（Alkadry，2006）。另外，Lefkowitz（1994）研究指出，相比男性，女性很少有机会获得有助于提供职业发展机会的可见的具有挑战性的工作任务，很少对工作任务机会感到满意。Morrison（1992）的研究也指出，女性管理者成功的关键组织要素是享有培训和提供发展机会。关于组织内部职业生涯晋升通道的研究发现，虽然在输送高等教育人才的管道入口有很多女性，但同样的管道到达高级领导岗位时，出现的却是大量的男性。Groot 和 Brink（1996）利用二手数据实证研究后则发现，罕有女性被提拔至领导高层，而导致这一结果的并不是男性和女性在与工作相关的个体特征上存在差异，而是他们被区别对待。与此同时，与男性相比，女性找到合适的人生导师和赞助商也需要更多的时间，事实上，这两者对个人职业发展有着难以估量的价值。

社会化分工决定了女性职业发展嵌入在其生活背景中，由此，学者们对组织提供弹性工作安排和减少工作时间有利于女性工作—家庭整合已经基本达成共识，但是组织现实似乎没有跟上她们的职业偏好和生活选择的发展步伐。调查显示，极少有公司提供弹性工作制的岗位，让那些追求事业发展的女性能够抽出必要的时间照顾和抚养孩子、休产假。White

（1995）针对英国杰出成功女性进行了一项调查，他发现，在接受调查的48个样本中，多数女性为了能够在组织中获得成功，不得不为了工作而调整自己的家庭责任，一再推迟自己的结婚、生育年龄，甚至一直保持没有孩子的状态。即使组织能够为女性提供诸如育婴假、压缩工作时间、弹性工作制、工作分享和远程办公等工作—家庭福利，以帮助女性员工承担多重责任。但是也有研究指出，如果没有直接主管的支持和家庭友好型组织文化的鼓励，这些福利政策也不会被没有任何惩罚地利用，以至于影响利用者向高层管理职位的晋升（Schwartz，1992；Tomlinson，2004）。许艳丽和谭琳（2002）研究结果也表明，被性别化的时间配置使女性在工作与家庭的时间配置、工作与结婚生育的时间配置以及家庭时间与社会交往时间存在冲突，这便是女性获得职业生涯成功的重要障碍。

大多数女性都不得不在工作和家庭之间寻求平衡，这就使得她们很少有时间和同事们交往，建立自己的职业网路，尤其是非正式关系网络，而事实上，在这种看似"非必要"的人际交往中所积累的社会资本对自己的职业生涯发展却至关重要，甚至比传统管理职责的有效履行更为重要。在女性占少数的环境中，重要的关系网都是或者几乎都是由男性组成，女性要想打入这些男性社会网络会很困难，尤其是他们常常组织一些适合男性的活动来加强彼此的联系。即使拥有充裕的时间，她们也会发现很难建立非正式的关系网，并从中获益。另外，有研究表明，跟男性相比，女性拥有的异性社会网络联系的比例较低，这种差异的主要原因是男性和女性处在不同的社交圈中，组织社会网络的分割本质将女性与重要的社会联系和社交活动隔离开来（Braynion，2004）。

由此可见，如果组织能够通过合理的薪酬、培训和晋升待遇，提升高管团队中的女性比例，创建高管层关系网，提供工作—家庭福利以及工作—家庭友好型组织文化等措施，从而赋予女性领导者更多的组织权力，便能够吸引并帮助更多女性获得职业成功。

二 性别化的组织价值评估

所谓性别化的组织价值评估主要考察组织是否基于性别刻板印象对男女两性领导者进行能力感知和价值评价，具体体现为组织对男女两性领导者组织行为的期望和理解、绩效评估以及对男女两性领导者成功或失败的归因等社会互动模式。

或许是由于男性在历史上长期占据高层领导地位，以至于人们把关于领导者的特质与男性的特质混为一谈，不加区别了。基于多年的研究，斯坦福大学研究领导力和组织行为的德伯拉·格林菲尔德（Deborah Gruen-feld）非常理解女性为成功所付出的代价，她认为我们根植于文化的传统观念，将男性与领导特质相关联，将女性与抚育特质相关联。男性的进取、强大、成功会不断受到人们的称赞、喝彩，表现出同样特点的女性会常常受到社会的惩罚，因为积极进取、作风强硬的女性违反了社会关于"可接受行为"的不成文规则。

这样一来，就使得女性领导者陷入两难境地——一方面，如果一个女性领导者非常能干，不顾社会期待去争取机会，她看上去就不够亲切，甚至被判定为一种自私的表现；如果一个女性表现得"女性化"，看上去很亲切，那么她就会被认为不够能干，就很难像男性那样获得机会。大多数女性都真的希望被人喜欢，不仅仅因为这样能带来好的心情，同时赢得人们的喜欢也是成功的一个关键因素，不管是在职场上还是在个人发展上。而现实情况是，组织总是想雇用和提拔那些既能干又有亲和力的人，这就成为女性职业生涯发展的一大障碍。

女性除了要应付以上的两难处境，女性有时还必须在没有任何额外报酬的情况下做额外的工作。Singh 等人（2006）研究认为，人们预设女性有为公共利益服务的意愿，即女性被认为应该乐于助人，并且是她们自己愿意帮助别人。其研究结果表明，当男性对工作伙伴施以援手则被认为是在做额外的工作，他会得到更好的评价、加薪和奖金等回报；如果一个女性对他施以援手，这种受人恩惠的感觉就会相对减弱；相反，当一个女性拒绝帮助同事的时候，她通常会得到不太有利的评价。

人们对男女两性领导者所持的刻板印象也使得女性在绩效评估，无论是自我评估还是他人评价，都处于劣势地位。O'Neil 等人（2004）针对男女两性对职业成败的归因进行了探究，结果发现：如果让一个男性解释自己的成功，他通常会归因于内在的能力和技巧，如果问女性同样的问题，她一般会将成功归因于外部因素；在解释失败的时候，男性会归咎于偶然性因素，女性则会相信是由于自身缺乏能力所导致的。类似的，Kirchmeyer（1998）研究也发现，当一个男性和一个女性接收到负面反馈时，相比男性，女性的自信和自尊都会受到更大的打击，由此引发的失败和不安全感的内化会伤及她们未来的表现，所以这种心理模式具有长期严重的负面影响。各项研究均表明，女性领导者对自身表现的评价普遍低于实际情况，而男性领导者则会过高地评价自己的表现。Ely（1994；1995）就组织高层管理岗位的性别比例这一人口统计学变量对组织其他成员对女性领导者的评价问题进行了探究，结果表明：组织高层中女性较低的比例似乎在给公司中的其他女性发出信号：作为女性是一种负债，女性需要在表现竞争力和讨人喜欢之间做出选择；另外，组织内其他女性很少对已经成功晋升到组织高层的女性表示认可，更不会将她们作为自己职业生涯发展的榜样和处理多重生活角色的模范示例；更糟糕的是，组织内的其他女性更倾向于认为她们彼此之间是竞争而非合作关系，因为她们需要为有限的女性高层职业位展开激烈的竞争。无独有偶，Ibarra（1999）研究指出男性占优的组织情境也将阻止未来可能成为女性领导的女性转向现有的女性高管寻求有关发展的建议或帮助，渐渐造成了公司高层中女性比例越来越少，从而使得女性职业生涯发展陷入了恶性循环。2011 年麦肯锡的一项报告指出，男性的晋升基于其自身的潜力，而女性的晋升则是基于其已经获得的成就，女性需要比男性花费更多的精力来证明自己。

由此可见，如果组织情境知识的产生过程中，只有男性的声音被听到，且随着组织社会化过程，往往是男性的经历和经验才会被确定并沉淀为知识，长此以往，女性会将一直以来接受的负面信息内在化。面对以上种种障碍，女性领导者开始或多或少地让自己退缩，降低了对自己取得成就的期望值，与男性相比，她们更少渴望获得高层管理职位。

三　性别化的组织语言表达

所谓性别化的组织语言表达主要是指组织叙述、修辞、语言及其他代表性表达，具体表现为组织成员对男女两性领导者固有形象的刻画，组织对工作概念内涵的理解，具体包括对工作行为有效性的评价、对工作能力和经验的描述以及对工作绩效、结果和成就的界定。

管理学的性别作者从男女两性差异化的领导特质、领导能力、领导风格等不同的角度对其领导有效性进行了对比分析，这为我们挖掘组织性别话语提供了来自不同视角的、有意义的研究结论。比如，The Institute of Management 的研究报告《管理走向黄金时代》（*Management into the Millennium*）认为，未来管理者应具备的基本心理素质是，灵活性和适应性（Flexible and Adaptability）、专注精神（Commitment）、精力充沛（High Energy）、对组织变革的敏感性（Sensitivity to Organizational Change），所有这些都是参与管理的女性的主要特征，因为她们善于处理社会、工作和家庭各个方面的变化，因此女性完全具备领导各种组织的能力。Johnson 和 Powell（1994）的研究报告表明，在实行有效领导所需的基本技能方面，女性表现得比男子强得多，她们不受传统做法的限制。Cameron（1994）的研究认为，基于对世界如何运作的不同假设，女性进行管理和领导的方式和男性不同，女性领导者更注重相对柔性的管理风格，她们按照自己的方式工作，努力诱导、说服、促动和培养他人，倾听、理解和重视人们做出的贡献，感受和同情其他人的想法，同时更注重解决员工的实际问题，如育儿托管、在职休假等。Bob Tyrell（1994）预言，从长远来看，工作风格女性化是未来社会发展的趋向，女性比男子更充分具备集体协同工作、灵活性等素质，这些素质在管理中具有越来越重要的价值。Eagly 等（2003）进行的一项关于男女两性领导风格元分析的研究指出，较男性而言，女性更具有关系导向（interpersonally – oriented），更为民主化（democratic），更具有变革型（transformational）倾向。

　　一般而言，女性从事的主要职业广泛地分布于医药、文教、卫生等行业中，这些行业的服务对象需要女性的敏感、细心、温柔及善解人意，而这些一般是男性所不具备的，具体在某一个组织中，女性的这种心理特点也有利于她们敏锐地捕捉到同事的心理状态、行为目的等；与此同时，女性具有较强的亲和力，可灵活地处理与各成员间的关系，调节团队的气氛，调动大家的积极性，增强团队的凝聚力。用 Connell（1987）的话说，这反映了两套完全不同的联想体系：一套是社群性（communal）的，另一套是个体性（agentic）的。女性被认为具有社群性特质，待人接物常常为他人着想，具体来说，她们富有爱心和同情心、乐于助人、友好善良，在人际交往中表现得敏感、温雅、言语温和；与此相对应的是，男性被认为具有个体性特质，更具决断性和支配力，他们富有攻击性、雄心勃勃、有统治力、自信、强硬，同时更倾向于独立自主和我行我素。

　　关系理论认为，女性的自我意义和价值扎根于与他人建立并维持联系的能力中，与他人相联系的内在意义是女性个人发展的核心特征。Fletcher（1998）基于关系理论，通过对女性工程师工作的实地观察和深度访谈识别出了女性领导者关系实践的四个主要的维度：与团队有关的团队建设、与工作有关的保护工作、与他人有关的相互赋权以及与自我有关的自我实现。Weisinger（1998）识别出了有助于提高工作效率的关系技能的类型，主要包括：建立关系的能力、移情、真实性、相互赋权以及创建团队。按照 Fletcher 和 Jacques（1998）的观点，关系理论拓展了人们对工作概念的视野，认为女性领导者的工作是为了提高整个团队的专业成就，而不仅仅是为了个人，通过为每个人赋权和提供必要的人际支持，创造了团队良好的合作氛围，最终保证了组织目标的完成，因此，嵌入他人的相关结果（比如，他们增长的知识和技能）也应该包括在组织认可的工作结果当中。

创建一个彼此联系的关系网，分享责任和为他人的发展做出贡献已经成为示范性的管理行为（Fondas，1997），尽管这些管理行为原本就具有女性特征，但是它们从来就没有被公开认可为女性专属，甚至由于被错误归因，缺乏组织话语权等原因，这些女性专属的关系实践在组织环境中渐渐消失（Fletcher，1998）。Rothstein 等（2001）研究表明，组织内传统职业形式本身具有性别契约含义，它更加支持男性的生命周期，组织中的工作安排如会议时间、日程表、加班等都是根据男性的需要和期望来筹划的，较少考虑女性的需要，非常不利于女性人才的发展。由此可见，女性面临的现实矛盾是，她们的种种有助于增强组织基础建设的行为（如合作、联系、赋权、团队合作以及冲突处理）以及这种行为所带来的利益和价值并没有得到组织的认可和奖赏，这是她们职业发展受阻的原因之一。

由此可见，如果组织能够在时间配置、工作安排上考虑女性需求，以包容女性差异化的生活方式、家庭需要和工作风格，对女性有利于提高团队或组织有效性的工作行为、能力及其结果给予应有的认可和奖励，以赋予女性领导者更多的组织话语权，便能够吸引并帮助更多女性成为高层次人才。

综合以上分析，我们可以得出作为组织生活不可缺少的一部分，组织情境并不是性别中立的，与性别化的组织权力分配、性别化的价值评估和性别化的语言表达有关的正式政策、规范，非正式的工作互动模式及其语言表达等组织实践，都是反映男性工作和生活经验，支持男性的价值观和发展需求的，是男性维持自身权力和利益的有效工具，从而性别化的组织权力分配、性别化的组织价值评估和性别化的组织语言表达共同构成了性别化的组织情境。

第二节　性别化的组织情境量表开发

一　原始量表的开发

既然作为组织生活不可缺少的一部分，组织情境及其管理实践本身并非中立的，且对现有的组织情境下性别研究的梳理发现，构成性别化的组织情境的组织实践主要由性别化的组织权力分配、性别化的组织价值评估和性别化的组织语言表达所构成，那么基于扎根理论所开发的影响女性领导者职业成功的组织情境因素（即性别化的组织权力分配、性别化的组织价值评估和性别化的组织语言表达）模型，我们编制了性别化的组织情境对应3个维度的47个影响女性领导者职业成功的组织情境条目作为原始量表，如表4-1所示。

表4-1　　　　　　　性别化的组织情境初始量表

序号	题项
P1	男性领导者比女性领导者更有可能获得职位晋升
P2	男性领导者比女性领导者更有可能获得加薪和额外福利
P3	男性领导者比女性领导者拥有更多的培训机会
P4	单位中一般由男性承担重要、复杂的工作任务
P5	单位中男性更容易寻找到导师以获得职业辅导
P6	单位中男性更容易寻找到赞助者以获得职业保荐
P7	男性领导者更容易融入高层领导者的圈子
P8	男性领导者更容易融入同事的圈子
P9	女性在一般管理阶层的比例小于男性
P10	单位核心员工中男性的比例大于女性的比例
P11	单位最高管理层中没有或极少有女性
P12	单位中女性领导者很难进入公司最高层
P13	单位中一般男性的职务比女性的高
P14	单位对女性生育和照顾家庭有完善的保护和关怀措施（反）
P15	单位拥有工作—家庭友好型组织文化和规范（反）
P16	我的上司对我生育和照顾家庭持积极支持的态度（反）

续表

序号	题项
P17	我的上司对我的生育和照顾家庭给予了实际帮助与支持（反）
K1	较男性领导者，女性领导者缺乏领导进取心和激情
K2	较男性领导者，女性领导者具有较低的工作承诺
K3	较男性领导者，女性领导者具有较低的承担工作压力和风险能力
K4	积极进取、作风强硬的女性领导者不受周围人的欢迎
K5	女性领导者有为公共利益服务的意愿
K6	女性领导者常常乐于帮助他人而不求回报
K7	单位中大多数人对女性领导者表示认可（反）
K8	单位中大多数人认为相对于女性，男性更适合成为领导者
K9	单位中男性领导方式占主导地位
K10	单位中女性化的领导方式更为有效（反）
K11	单位里个人工作业绩越好的领导者晋升、加薪的速度越快
K12	单位里越关注他人的成长的领导者晋升、加薪的速度越快（反）
K13	单位里团队整体表现越好的领导者晋升、加薪的速度越快（反）
K14	单位中男性比女性更能争取到最高层管理职位
K15	女性领导者的成功往往是因为有好的机遇或贵人的帮助
K16	女性领导者的失败多数是由于其自身能力或经验的缺失
L1	男性领导者自信、强硬、积极进取、有决断性和支配力
L2	女性领导者敏感、细心、温柔，待人接物常常为他人着想
L3	单位很重视领导者独立发现、分析以及处理问题的能力
L4	单位很强调领导者团队协作、解决冲突的能力（反）
L5	组织对能够独当一面解决危机的领导者给予更多的认可和奖赏
L6	单位对能够建设团队发展他人的领导者更多的认可和奖赏（反）
L7	单位确保所有具备资格的员工都有获得个人发展的机会
L8	单位重视所有员工所做的贡献
L9	单位认为自我推销的行为对组织有效性尤为重要
L10	单位认为幕后支持的行为对组织有效性尤为重要（反）
L11	单位将领导者个人的即时产出视为工作业绩的重要构成
L12	单位将领导者带领团队的发展视为其工作业绩的重要构成（反）
L13	单位将领导者发展他人视为其工作业绩的重要构成（反）
L14	单位对领导者完成公司目标任务有严格的要求

二 量表的修正与调整

为了确保原始量表的内容效度，我们积极参加了上海市妇联组织的多项活动以及同济大学、上海交通大学、复旦大学三校女教师联谊会，与上海市妇联的领导和工作人员以及参会的女企业家、女企业管理者以及女教授逐一对原始量表的条目进行了现实组织情境下影响女性领导者职业生涯发展及其成功的实践认证；同时，聘请了台湾中山大学、台湾中正大学、吉林大学、湖南大学、复旦大学等多位人力资源研究领域的专家对题项的基本内容和表述方式进行了逐一审核，以判断其理论构思的核心维度是否与各个条目相关，其表述是否简洁清晰，并进行了相应的修改和完善。

通过与各位专家交换意见和建议，认为"单位中一般男性的职务比女性的高"的表述过于宽泛，"单位确保所有具备资格的员工都有获得个人发展的机会"和"单位重视所有员工所做的贡献"这两个条目与影响女性领导者职业成功的组织情境因素这一核心维度的联系不够紧密，建议删除。由此，编制的性别化的组织情境预试量表一共包含44个题项。

第三节 性别化的组织情境量表验证

一 探索性因子分析

首先，我们采用探索性因子分析找出最适合测量性别化的组织情境的条目，并初步验证其结构维度。统计工具采用的是 SPSS19.0 软件。

1. 取样

为了强化对性别化的组织情境构思的检验效果，我们采用方便抽样和判断抽样相结合的方法进行取样。在上海市妇联、上海市女企业家协会、同济大学女性研究中心以及女教授联谊会等机构的协助下，我们对参加2010—2012 年上海市女性理论研讨会、上海市同济大学女教师论坛以及同济、复旦、上海交大三校联谊会的各领域杰出女性领导者所在单位及其职业生涯发展情况进行了大致的了解，从而确定了其中 300 名女性领导者作为本次的调研对象，完成性别化的组织情境量表的填写，并采用当场回收问卷的方式以确保回收质量。实际参加本次问卷调研的女性领导者有275 名，独立样本 T 检验发现未参加调研的 25 名女性领导者与参加调研的 275 名女性领导者在年龄、教育水平、领导经历、所属行业等指标上并不存在显著的差异。最终问卷的回收量达到了 257 份，问卷的回收率为 85.7%，剔除空白问卷、关键数据缺失以及明显随意填写的问卷 11 份，有效问卷 246 份，有效回收率达到了 82%。

参加本次调研的女性领导者的基本信息情况（如表 4 - 2 所示）统计如下：就年龄而言，20—29 岁的占 6.50%，30—39 岁的占 17.89%，40—49 岁的占 39.02%，50 岁以上的占 36.59%；就受教育程度而言，高中、中专及以下的占 3.66%，大专的占 34.15%，本科的占 53.66%，研究生（包括硕士及博士）的占 8.54%；领导经历在 1 年以下的占 5.69%，1—3 年的占 14.63%，3—5 年的占 28.86%，5 年以上的占 50.81%；在职位等级方面，基层管理者占 38.92%，中层管理者占 45.12%，高层管理者占 15.96%；所属行业的分布情况，农林牧副渔业的占 12.2%，制造业的占 21.95%，建筑业的占 3.25%，批发零售业的占 15.45%，物流业的占 4.88%，餐饮业的占 9.35%，信息技术业的占 10.57%，金融服务业的占 5.28%，房地产业的占 2.44%，教育培训业的占 14.46%。

表 4 - 2　　　　　　　　　探索性因子分析的样本基本信息表

项目	属性	占比（%）	项目	属性	占比（%）
年龄	20—29 岁	6.50	职位等级	基层管理者	38.92
	30—39 岁	17.89		中层管理者	45.12
	40—49 岁	39.02		高层管理者	15.96
	50 岁以上	36.59	所属行业	农林牧副渔业	12.20
受教育程度	高中、中专及以下	3.66		制造业	21.95
	大专	34.15		建筑业	3.25
	本科	53.66		批发零售业	15.45
	研究生	8.54		物流业	4.88
领导经历	1 年以下	5.69		餐饮业	9.35
	1—3 年	14.63		信息技术业	10.57
	3—5 年	28.86		金融服务业	5.28
	5 年以上	50.81		房地产业	2.44
				教育培训业	14.46

2. 分析过程与结果

本调研问卷采用性别化的组织情境预试量表，一共 44 个题项。基于以往对量表使用的信度指标，同时考虑到调研对象参与的认真程度和辨别能力，本量表采用李克特（Likert）五点量表（"1"代表"完全不符合"，"5"代表"完全符合"）。

（1）预试量表题项的筛选。本书采用相关性检验和同质性检验对性别化的组织情境量表的个别题项进行筛选。首先，通过量表题项与总分的相关系数来检验，各题项与总分的相关系数均呈现显著相关，且相关系统均大于0.40，所以预试量表的所有题项均为合理，不用删除个别题项；其次，经过同质性检验对该量表进行信度分析以后发现，其内部一致性系数为0.95，而每个题项删除后的系数均小于或等于量表的整体信度0.95，说明该量表的一致性较好，稳定性较高，综上，保留预试量表中的44个题项。

（2）探索性因子分析的过程与结果。首先，进行探索性因子分析的适合度检验。我们采用KMO检验和巴特利特球形检验法，得出性别化的组织情境问卷的KMO值为0.86，巴特利特球形检验的显著性水平达到0.00，说明样本数据适合做因子分析。

由于本书的主要目的是探索性别化的组织情境的理论构思，考虑到研究结果和实际情况，我们采用主成分—斜交旋转—最大变异法对性别化的组织情境的44个题项进行探索性因子分析。抽取特征值大于1的因素，抽取了3个因素，能够解释总体变异的63.86%。进一步，排除双重载荷的项目及载荷低于0.50的项目并经斜交旋转，本书中进行第一次因子分析以后需要依次删除的题项是"P8男性领导者更容易融入同事的圈子"、"P12单位中女性领导者很难进入公司最高层"、"P17我的上司对我的生育和照顾家庭给予了实际帮助与支持（反）"、"K2较男性领导者，女性领导者具有较低的工作承诺"、"K3较男性领导者，女性领导者具有较低的承担工作压力和风险能力"、"K6女性领导者常常乐于帮助他人而不求回报"、"K12单位里越关注他人的成长的领导者晋升、加薪的速度越快（反）"、"L6单位对能够建设团队发展他人的领导者更多的认可和奖赏（反）"。重新采用主成分—斜交旋转—最大变异法进行分析，所抽取的3个因素解释总体变异的66.42%（如表4-3所示）。根据各个因子的题项构成，我们将析出三个因子分别命名为：性别化的组织权力分配、性别化的组织价值评估、性别化的组织语言表达。

表 4 – 3　　　　　性别化的组织情境的探索性和验证性因子分析

	因子 1		因子 2		因子 3	
	EFA	CFA	EFA	CFA	EFA	CFA
性别化的组织权力分配（13）						
男性领导者比女性领导者更有可能获得职位晋升	0.76	0.77	0.16		0.12	
男性领导者比女性领导者更有可能获得加薪和额外福利	0.77	0.73	0.15		0.26	
男性领导者比女性领导者拥有更多的培训机会	0.81	0.76	0.19		0.27	
单位中一般由男性承担重要、复杂的工作任务	0.81	0.81	0.15		0.26	
单位中男性更容易寻找到导师以获得职业辅导	0.80	0.78	0.13		0.11	
单位中男性更容易寻找赞助者以获得职业保荐	0.73	0.70	0.19		0.27	
男性领导者更容易融入高层领导者的圈子	0.76	0.59	0.37		0.10	
女性在一般管理阶层的比例小于男性	0.77	0.76	0.20		0.14	
单位核心员工中男性的比例大于女性的比例	0.69	0.59	0.05		0.15	
单位最高管理层中没有或极少有女性	0.60	0.77	0.04		0.15	
单位对女性生育和照顾家庭有完善的保护和关怀措施（反）	0.76	0.80	0.39		0.37	
单位拥有工作—家庭友好型组织文化和规范（反）	0.72	0.79	0.25		0.36	
我的上司对我生育和照顾家庭持积极支持的态度（反）	0.47	0.79	0.28		0.20	
性别化的组织价值评估（12）						
较男性领导者，女性领导者缺乏领导进取心和激情	0.61		0.85	0.82	0.06	
积极进取、作风强硬的女性领导者不受周围人的欢迎	0.06		0.68	0.69	0.23	
女性领导者有为公共利益服务的意愿，常常乐于帮助他人	0.31		0.77	0.63	0.22	
单位中大多数人对女性领导者表示认可（反）	0.21		0.63	0.69	0.22	
单位中大多数人认为相对于女性，男性更适合成为领导者	0.19		0.42	0.79	0.28	
单位中女性化的领导方式更为有效（反）	0.25		0.76	0.59	0.04	
单位里个人工作业绩越好的领导者晋升、加薪的速度越快	0.04		0.77	0.76	0.20	
单位里团队整体表现越好的领导者晋升、加薪的速度越快（反）	0.07		0.69	0.59	0.49	
单位中男性比女性更能争取到最高层管理职位	0.49		0.60	0.77	0.07	
女性领导者的成功往往是因为有好的机遇或贵人的帮助	0.28		0.76	0.73	0.04	
女性领导者的失败多数是由于其自身能力或经验的缺失	0.22		0.65	0.65	0.15	

续表

	因子1		因子2		因子3	
	EFA	CFA	EFA	CFA	EFA	CFA
性别化的组织语言表达（11）						
男性领导者自信、强硬、积极进取、有决断性和支配力	0.20		0.11		0.76	0.73
女性领导者敏感、细心、温柔，待人接物常常为他人着想	0.36		0.06		0.65	0.65
单位很重视领导者独立发现、分析以及处理问题的能力	0.47		0.04		0.49	0.79
单位很强调领导者团队协作、解决冲突的能力（反）	0.21		0.05		0.84	0.57
组织对能够独当一面解决危机的领导者给予更多的认可和奖赏	0.04		0.20		0.81	0.74
单位认为自我推销的行为对组织有效性尤为重要	0.32		0.22		0.83	0.77
单位认为幕后支持的行为对组织有效性尤为重要（反）	0.14		0.23		0.72	0.77
单位将领导者个人的即时产出视为工作业绩的重要构成	0.26		0.06		0.38	0.85
单位将领导者带领团队的发展视为其工作业绩的重要构成(反)	0.19		0.25		0.76	0.80
单位对领导者发展他人的工作给予相应的奖励（反）	0.37		0.18		0.72	0.79
单位对领导者完成公司目标任务有严格的要求	0.20		0.19		0.47	0.79
特征值	7.29		2.26		3.92	
解释方差	29.16		28.21		9.05	
累计解释方差	29.16		57.37		66.42	
Cronbach's α		0.94		0.77		0.85

由此可见，基于扎根理论分析开发的影响女性领导者职业成功的组织情境因素与探索性因子分析得出的性别化的组织情境的构思保持了较好的一致性，经过探索性因子分析得到的 36 个题项的新量表系数为 0.94，表明该量表具有良好的稳定性。

二　验证性因子分析

接着，本书通过验证性因子分析进一步检验性别化的组织情境的构思效度以及该量表的适切性，同时采用 AVE 和组合信度来判断其构思效度。

1. 取样

我们从在上海市妇联、上海市女企业家协会、同济大学女性研究中心以及女教授联谊会等机构所提供的女性管理者和领导者名单中，重新选取了 350 名样本进行调研，每次调研均尽可能利用女性研究年会、研讨会或联谊会等比较集中的活动场合进行现场发放问卷，由笔者本人及课题组的成员亲临现场指导大家完成问卷的填写，并由相关机构的领导和工作人员协助完成问卷的回收工作。

经过笔者对所回收问卷进行逐一审核，确定有效样本一共有 302 份，达到了验证性因子分析的标准——通常样本数量要达到量表题项数目的 5—10 倍。验证性因子分析的样本基本信息情况（如表 4-4 所示）统计如下：女性领导者的年龄分析情况，20—29 岁的占 6.95%，30—39 岁的占 17.88%，40—49 岁的占 35.43%，50 岁以上的占 39.74%；就受教育程度而言，高中、中专及以下的占 4.64%，大专占 25.17%，本科占 31.79%，研究生（包括硕士及博士）占 38.41%；领导经历在 1 年以下的占 11.26%，1—3 年的占 18.54%，3—5 年的占 33.77%，5 年以上的占 36.42%；在职位等级方面，基层管理者占 35.92%，中层管理者占 49.52%，高层管理者占 14.56%；所属行业的分布情况，农林牧副渔业的占 11.59%，制造业的占 25.16%，建筑业的占 2.98%，批发零售业的占 12.91%，物流业的占 5.96%，餐饮业的占 8.94%，信息技术业的占 9.27%，金融服务业的占 5.63%，房地产业的占 2.32%，教育培训业的占 15.23%。

表 4-4　　　　　　　　验证性因子分析的样本基本信息表

项目	属性	占比（%）	项目	属性	占比（%）
年龄	20—29 岁	6.95	职位等级	基层管理者	35.92
	30—39 岁	17.88		中层管理者	49.52
	40—49 岁	35.43		高层管理者	14.56
	50 岁以上	39.74	所属行业	农林牧副渔业	11.59
受教育程度	高中、中专及以下	4.64		制造业	25.16
	大专	25.17		建筑业	2.98
	本科	31.79		批发零售业	12.91
	研究生	38.41		物流业	5.96
领导经历	1 年以下	11.26		餐饮业	8.94
	1—3 年	18.54		信息技术业	9.27
	3—5 年	33.77		金融服务业	5.63
	5 年以上	36.42		房地产业	2.32
				教育培训业	15.23

2. 分析过程与结果

本书采用经过探索性因子分析修订之后的性别化的组织情境量表，一共包含 36 个题项。依然采用李克特（Likert）五点量表（"1"代表"完全不符合"，"5"代表"完全符合"）。

本书采用最大似然法来进行验证性因子分析。为了进一步检验性别化的组织情境的构思效度，我们首先提出了 3 个竞争模型：M0 为观测变量相互独立的虚无模型，M1 为 36 个观测变量直接指向性别化的组织情境的单维模型，M2 为包含性别化的组织权力分配、性别化的组织价值评估和性别化的组织语言表达的一阶三因子模型，M3 为包含性别化的组织权力分配、性别化的组织价值评估和性别化的组织语言表达的二阶三因子模型。验证性因子分析的结果显示，模型 M1 中 36 项性别化的组织情境的条目的标准化因子负荷均在 0.50 以上；模型 M2 中，每个条目在其对应所属因子的标准化因子负荷均在 0.60 以上，并且各个因子在性别化的组织情境上的因子负荷在 0.60—0.91 之间，表示模型的基本适配度良好，而且 3 个潜变量两两之间的相关系数在 0.62—0.90 之间，均达到了显著水平，表明这 3 个维度可能有一个更高阶的共同因子存在；模型 M3 中，从表 4-2 所示的结果来看，该问卷因子结构清晰，具有较好的结构构念效度，而每个题项的因子负荷均在 0.59—0.85 之间，说明因子结构较为理想，再如图 4-1 所示，每个条目在其所属因子的标准化因子负荷均在 0.60 以上，并且性别化的组织权力分配、性别化的组织价值评估和性别化的组织语言表达在二阶因子性别化的组织情境的标准化因子负荷分别为 0.92、0.88、0.91，表示模型 M3 的基本适配度理想。

表 4-5 呈现了 3 个竞争模型的拟合情况，各项指标均对比显示模型 M3 与实证数据的匹配程度是最高的，这又为上一章基于扎根理论分析得出的研究结论提供了佐证。由此可以确定，性别化的组织情境的结构是由性别化的组织权力分配、性别化的组织价值评估和性别化的组织语言表达三个一阶因子构成的二阶结构。

3. 构思效度检验结果

本书采用 Fornell 和 Larcker（1981）提出的方法通过组合信度以及平均变异量（AVE）来判断性别化的组织情境的构思效度、聚合效度和区分效度。研究结果表明（如表 4-6 所示），性别化的组织权力分配、性别化的组织价值评估和性别化的组织语言表达三个因子的组合效度介于

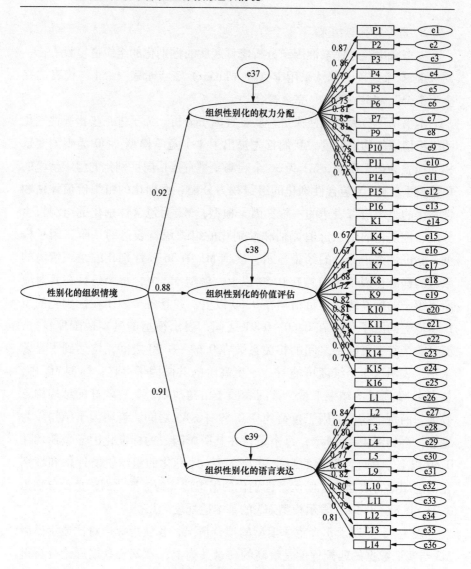

图 4 - 1　性别化的组织情境的二阶三因子结构验证性因子分析结果

表 4 - 5　　　　　　　　　　验证性因子分析的拟合指标

模型	Chi - square/df	RMR	RMSEA	GFI	NFI	IFI	CFI
M0	15. 520						
M1	4. 625	0. 042	0. 079	0. 66	0. 73	0. 77	0. 78
M2	2. 872	0. 034	0. 079	0. 80	0. 84	0. 89	0. 89
M3	2. 735	0. 030	0. 076	0. 81	0. 85	0. 90	0. 90

0.88—0.91 之间，高于 Fornell 和 Larcker 推荐的 0.70 的标准，表明性别化的组织情境的三维度结构具有较好的构思效度；同时，性别化的组织权力分配、性别化的组织价值评估和性别化的组织语言表达三个因子的平均变异量（AVE）值处于 0.59—0.67 之间，均超过经验判断标准 0.50，表明潜变量对构念的解释变异量大于测量误差对构念的解释变异量，也就表明变量具有较好的聚合效度。另外，二阶验证性因子分析的结果显示，三个一阶因子性别化的组织权力分配、性别化的组织价值评估和性别化的组织语言表达在二阶因子性别化的组织情境的标准化因子负荷分别为 0.92、0.88、0.91，说明性别化的组织情境变量具有较好的聚合效度。进一步，计算各个一阶因子之间的相关系数，取值在 0.53—0.70 之间，其平方值在 0.26—0.49 之间，低于上述平均变异抽取量，说明性别化的组织情境构思结构具有较好的区分效度。

表4-6　　M3 最优模型的组合信度与平均变异量（AVE）分析结果

维度	性别化的组织权力分配	性别化的组织价值评估	性别化的组织语言表达
组合信度	0.92	0.88	0.91
AVE	0.67	0.59	0.61

本章小结

在基于扎根理论构建的女性领导者职业成功的组织情境影响因素模型基础上，本章首先对性别化的组织情境进行理论解构，即认为性别化的组织权力分配、性别化的组织价值评估和性别化的组织语言表达共同构成了性别化的组织情境，从而开发和验证性别化的组织情境量表。

通过对 246 名女性领导者的被试数据进行探索性因子分析（EFA）初步验证了性别化的组织情境的构思效度，即性别化的组织情境由性别化的组织权力分配、性别化的组织价值评估和性别化的组织语言表达这三个维度构成；进一步通过对 302 名更大样本女性领导者被试数据进行验证性因子分析（CFA）来验证性别化的组织情境的三维度构思最优，并且采用组合信度和 AVE 方法检验其具有良好的聚合效度和区分效度。同时，验证了本书开发的性别化组织情境量表具有良好的信度和效度，可以作为今后性别视角下组织情境研究有效的测量工具。

第五章 女性领导者职业成功
的内涵、测量

从职业生涯成功理论研究的发展来看，从无边界职业生涯（Arthur，1994）到易变性职业生涯（Hall，1996）再到万花筒职业生涯（Mainiero and Sullivan，2005），从强调雇佣能力到关注主观职业成功再到将工作和家庭生活作为职业决策背景，人们对职业生涯发展和职业成功的理解发生了较大的变化，更多地将女性就业机会的增长以及由此所面临的多种选择等因素考虑进来。国内外许多学者开始关注女性领导者的生活及其经历，并为解决其职业生涯发展过程中遇到的各种问题进行了有意义的描述、探索和解释，为增进我们对女性领导者职业成功的理解提供了源自不同领域的研究成果，比如，男性和女性的职业发展差异不仅来源于不同性别的发展差异（Gallos，1989；Bateson，1990），还受到社会和组织因素的影响（Betz，1993；Fagenson-Eland，2000）；较男性而言，女性更容易受到家庭责任对其职业生涯的影响（Burke，2002）；女性在组织高层相对较低的比例限制了其职业生涯发展（Ely et al.，2011）；女性职业心理（Gilligan，1982）相关研究表明女性独具的关系型工作导向贯穿其整个职业生涯发展过程（Fletcher，1998）。

目前，对于女性领导者职业生涯成功的研究仍然存在很多不足，主要体现在以下几方面：（1）目前，该领域的研究多集中在男女两性领导者职业生涯发展及成功的差异性方面，缺乏对女性领导者职业生涯发展及成功的单独、系统研究，还没有形成较为一致的女性领导者职业成功的概念；（2）目前，对职业女性的研究多从感性的历史的角度思考两性平等问题，鲜有从管理学角度对女性职业生涯发展问题进行的研究，特别是针对女性领导者职业成功的思考；（3）在男性中心的价值体系与父权制文化背景下，目前女性职业生涯发展研究多沿用男性传统理论框架，不少研究仅仅将针对男性样本的研究发现概推到全体，社会性别角色淡薄，忽视和排斥女性特质，使女性和女性的管理观点成为管理科学中无形的、看不见的东西，女性成了"失语"者，其经验被无形化与边缘化；（4）随着时代的发展，社会需要更多的女性参与贡献，而更多女性的参与给组织实践带来的冲击没有体现在组织理论研究中。本章基于此，界定女性领导者职业成功的内涵，厘清如何对女性领导者的职业成功进行测量。

第一节　女性领导者职业成功的内涵

职业成功是个人职业生涯追求的最终目标，随着研究的深入，人们发现男性和女性分别代表了具有不同社会角色和期望的两个群体，女性领导者职业成功价值观远比传统的职业成功更为复杂。虽然到目前为止，还没有形成较为一致的界定，但是其本质特征已经逐渐显现出来：

一　女性领导者的职业生涯更适应无边界时代的特征，其职业成功是一个多元化的复杂概念，需要更多灵活性和弹性

20 世纪 90 年代中期以来，随着知识技术的革新和企业组织结构的重建，组织扁平化、交叉职能团队、网络工作制等一系列变化减少和取消了原先存在的管理层级或工作阶梯，原先稳定的职业生涯模式和相互忠诚的心理契约被多变性的职业生涯发展模式和新的心理契约所取代。因此，学者们提出了"无边界职业生涯"（Boundaryless Career）的概念，即职业生涯既包括在组织之间的流动，也包括在灵活的、没有层级的组织之间的流动。

White（1995）提出了成功女性职业生涯发展阶段模型，White 把女性必须面对重要的家庭问题整合到其职业发展阶段之中，认为女性若想获得整体生活的平衡，就必须改变职业成功的刻板印象。廖泉文认为，女性的职业发展模式呈现 M 形，并与女性的生理、心理等因素有关。Mattis（2004）研究也指出，越来越多的女性由于对"弹性"的需求不能得到满足，而对现在的组织环境感到不满意，最终选择离开组织，创建属于自己的事业。男女两性在职业发展中承担的家庭责任的不同，其在人力资本投入、职业指导的寻求等方面就有所差异，女性雇佣模式更偏好于灵活性。需要强调的是，不同职业类别的女性对职业成功的理解也有所不同。比如，O'Neil 等（2004）通过综合职业模式（有序模式或者紧急模式）和职业焦点（内部焦点或者外部焦点）两个维度来考察女性职业决策，结果表明有序职业模式下的女性和外部焦点者通常用组织和社会强加的各种客观的物质标准（如收入、晋升和组织层级）来界定成功，而紧急职业模式下的女性和内部焦点者更倾向于从心理成功（如个人成长、专业发展和工作意义）来理解职业成功。不仅如此，不同职业生涯阶段女性对职业成功的理解也会发生变化，例如，Mainiero 和 Sullivan（2005）研究提出了"ABC"职业生涯发展模型，即认为真实性（Authenticity）、平衡（Balance）和挑战（Challenge）三者分别是处于职业生涯晚期、中期和早期女性职业发展追求的焦点。无独有偶，Gordon 等（2002）认为从处于不同生命周期的女性对"全部拥有"（have it all）的态度差异方面可以看出，随着年龄和生活经验的增长，女性改变了对生活的理解，相比年轻女性，中年女性已经将更多的注意力放在个人兴趣和家庭、关系处理上，以保持多重角色的平衡。

二　女性领导者职业成功强调自我实现和工作意义带来的内心满足感

大量的实证研究仍然主要依靠男性传统的职业成果和外在定义的职业成功，如，收入、财富积累以及组织层级中的地位等，而女性自身对职业成功的理解可能很少跟外在的、男性的、传统组织框架的标准产生关联。Kirchmeyer（1998；2002）的调查就是一个很好的证据，他发现尽管女性收入没有男性高，但是她们对职业的自我感知是成功的。在一项对职业发展中期男性和女性 MBA 学生的调查中，Schneer 和 Reitman（1995）也发现与男性相比，女性收入较少，工作时间较短且在组织中的管理职级较低，但是她们表示对自己的职业感到满意。在对女性创业者的研究中，Moore 和 Buttner（1997）发现自我实现（如个人发展和专业成长）是她们认为的最为重要的职业成功衡量指标。至此，女性领导者职业成功强调自我实现和心理满足感的这一本质特征得到了学术界的广泛认可。O'Leary（1997）以及 Sullivan（1999）在研究女性职业生涯及成功时就指出，未来的研究应该更关注用女性自身对个人成长和发展、挑战性、成就感以及工作意义的心理感知来衡量女性的职业成功。

三　女性领导者倾向于从与他人"在一起"、关心并为他人提供福祉的角度来界定职业成功

关系理论（Miller，1976，1987，1988，1991；Miller and Stiver，1997）是基于女性经验和与性别有关的人才成长问题研究发展起来的。

Chodorow（1978）开创性的研究指出，女孩（女性）基于原来与更为相似的母亲之间的关系，从而开发出一种关联意义；相反，男孩（男性）的原始问题在于如何离开与自己不同的母亲，从而获得独立自主。从权力视角出发，McClelland（1979）认为女性倾向于从关心并为他人提供福祉的角度来界定权力。Gilligan（1982）研究发现，女性的自我意识和道德观念认为应该关心他人，并承担更多的责任，因此，女性的自我概念包含对所发生事情的情境感知，而不是将一件事情孤立地去看待。换句话说，女性在作出决策时倾向于考虑这一决策对与之相关的他人可能造成的影响。

Miller（1976）的理论认为，与他人相联系的内在意义是女性个人发展的核心特征。根据关系理论，女性生活实践中的很大部分内容都和积极参与他人的成长有关，女性的自我意义和价值扎根于与他人建立并维持联系的能力中。在一项对关系理论的实证研究中 Sperberg 和 Stabb（1998）发现，缺乏亲密的关系与女性的抑郁症存在正相关关系，从而为关系理论的概念化提供了很好的数据支撑。Surrey（1991）研究指出，彼此相互理解，与他人"在一起"的感觉能够给女性带来自我提升的心理满足感。Jordan（1993）研究认为，女性的创新行为通过彼此联系得以实现，同时，在各种关系（而非独立）中女性能产生自我效能和自我清晰感，事实上，是一种协同发展。按照 Fletcher 和 Jacques（1998）的观点，关系理论拓展了人们对工作概念的视野，她们将与他人分享信息和开发他人从而对他人进行启发和赋权囊括进去，认为嵌入他人的相关结果（如增长知识和技能）也应该包括在组织认可的工作结果当中。与关系实践有关的个人技能则包括移情、真实性，与他人联系并建立关系的能力，并保持被他人情绪、身体和智力影响的开放性。与此同时，理解、解释和使用情感的能力，分享信息，承认自己的不足，同时在肯定他人的情况下还不降低自己的自尊水平等能力都是很重要的。尽管关系理论是在倾听女性经验的基础上发展起来的，但是它并不能解释所用女性的经验，同时，也并非仅仅适用于女性，它是与具有性别偏见的主流发展理论相对的另一种个人成长和发展理论模型。

四 女性领导者追求的是生活的完整意义，其职业成功本身意味着一种平衡

既然女性职业嵌于其广泛的生活背景之中，工作和家庭都是其职业生涯发展及其成功的中心，那么考察家庭背景、工作与家庭关系对女性职业生涯发展就具有重要意义，近年来已经有不少研究沿着这一思路探索女性领导者职业成功的自我定义。O'Leary（1997）指出与传统组织框架的职业生涯模式不同，女性"生活方式"职业生涯模式源于综合考虑工作、关系、组织因素和生命周期等因素交互作用的更为全面的框架。Ruderman 等（2002）研究表明，女性能够从工作和家庭双重角色中获益。尽管 O'Neil 和 Bilimoria（2005）研究发现女性整个职业生涯大致分为理想主义成就阶段、注重实际的忍耐阶段和重塑阶段，在以上三个阶段女性工作和家庭责任随其生命周期时涨时落，但是她们都同时关注工作和家庭领域，以保持总体上的平衡。越来越多的研究表明，现代女性试图卷入工作和家庭双重角色，承担工作和家庭领域的双重责任，同时追求职业和自我双方面的成功，从而找到生活的完整意义。

第二节　女性领导者职业成功的测量指标

虽然女性领导者职业发展的复杂性和多元化已经得到了广泛的认同，但仍然没有改变组织是男性占优的事实，以男性为中心的工作和职业成功内涵理解仍然在组织实践中占据主要地位，对于女性领导者职业成功的测量指标，也同样遵循了从客观指标到主观指标再到主客观指标整合的发展规律。

一　客观指标

正如 Arthur 和 Rousseau 的研究所揭示的，在 20 世纪 90 年代初期以前，对职业成功的测量绝大多数采用的都是客观指标，即那些客观的或外在的职业成功的变量，如薪水和职业地位、工资及工资增长、晋升、收入水平和头衔、从事某个工作的年限或在某个组织中任职的年限等。随着组织结构扁平化的发展趋势，中高层职位逐渐减少，传统客观指标失去了其代表性，而员工"管理/控制幅度"和"工作自主权"客观指标的增加不能不说是一种职业理论的进步。

二　主观指标

企业组织扁平化的加剧进一步减少了组织的管理层级和工作阶梯，使得原来的职业生涯发展路径变得模糊不清。于是 Arthur 于 1994 年首先提出了"无边界职业生涯"的概念，他认为无边界职业生涯背景下的职业成功摆脱了传统客观职业成功指标的束缚，它更强调组织之间的流动性

(inter – organization mobility) 和组织之外的生涯支持（extra – organization-al career support）。Eby（2003）等则更加明确地将职业竞争力引入职业成功的客观指标，他们所编制的职业竞争力问卷包含两个维度：感知的组织内劳动力市场的竞争力和感知的组织外劳动力市场的竞争力，这一测量指标也得到了后续研究的认同。

随着"以人为本"管理理念的深入以及员工的积极参与及其主动性的发挥，上述客观测量指标过于强调情境对人的影响和作用，忽视了个体的主观性和人格对职业生涯成功的影响。越来越多的学者认为，主观职业成功是一个人从其认为重要的角度对其职业所作出的理解和评价，于是Judge 和 Tsui 等将其操作化为"工作满意度"；与此同时，Greenhaus 等用职业满意度来测量员工职业成功，旨在测量个体对于实际的和期望的与职业有关成就而非仅仅是对其当前所从事工作的主观评价。

三　主客观指标

20 世纪 90 年代中期以后，越来越多的学者开始注意到职业生涯成功的二元性，认为与职业有关的个人活动及其所作出的主观反应都是职业生涯不可或缺的组成部分，于是开始从主客观两方面对职业成功进行测量。比如，Seibert 和 Kraimer 将职业成功定义为从一个人的工作经历汇总获得的积聚性的、正面的工作和心理成果；Eby 等针对无边界职业生涯的特征，提出用过去已有的主观指标（主要是职业满意度）和客观指标（包括感知的组织内劳动力市场的竞争力和感知的组织外劳动力市场的竞争力）作为职业生涯成果的测量指标。值得注意的是，此时职业成功的传统客观指标已经完全被职业竞争力所取代。

四　其他指标

除了以上主客观测量指标之外，Derr（1986）提出了职业成功的五项度量标准，Baruch 和 Wolfe 提出当代个人的职业成功度量标准和当代组织的职业成功度量标准等。国内学者基本也是循此思路，朱苏丽（2006）结合无界职业生涯管理理论及人力资本理论，提出了无边界职业生涯情况下人才成长的三个标准，即社会标准、企业标准、个人标准；周文霞等（2010）认为职业成功观的三维结构为，外在报酬、内在满足与和谐平衡，具体包含 9 个类别的指标：物质报酬；权力地位；绩效贡献；安全稳定；才能发挥；获得认同；自由快乐；工作家庭；关系网络。

经笔者整理，对女性领导者职业成功的测量指标归纳如表 5 - 1 所示。

表5-1   女性领导者职业成功测量指标一览表

指标类型	作者（年代）	指标内容
客观指标	Hughes（1937）	薪水；职业地位
	Thorndike（1934）；Hilton（1962）	工资及工资增长
	Thorndike（1963）	晋升
	Kotter（1982）	收入水平和头衔
	刘宁和张正堂（2006）	从事某个工作的年限或在某个组织中任职的年限
	Friedmen and Greenhaus（2000）	声望；权力；金钱；职务晋升
	Tharenou（2001）	管理/控制幅度
	Martins（2002）	自主权
	Boudreau and Boswell（2001）	就业能力等级
	Hollenbeck and McCall（2003）	权利构成；税收体系；经济和社会层次；地位标志；储蓄标准
	Arthur and Rousseau（1996）	个人市场竞争力
	Eby（2003）	感知的组织内劳动力市场竞争力；感知的组织外劳动力市场竞争力
	Arthur（2005）	组织之间的流动性；组织之外的生涯支持
主观指标	Judge（1999）；Tsui（1984）	工作满意度
	Greenhaus（1990）	职业满意度
	Weick（1996）	胜任能力的增强；尊敬；学习机会
	Friedmen and Greenhaus（2000）	独立的时间；安全性；挑战性；社会交往
	Boudreau and Boswell（2001）	生活满意度
	Finegold and Mohrmen（2001）	工作—生活平衡
	Dobrow（2003）	追求卓越
	Seibert（2001）；Eby（2003）；Judge（2003）	职业满意度
	Heslins（2005）	工作满意度；自我认同；目标的实现；工作与生活的平衡
	Arthur（2005）	工作—生活的平衡；有意义的感觉；贡献
	Boyar（2007）	工作—生活满意
	其他（1992—2002）	感知到的职业成功；社会支持；组织承诺；职业参与度；感知到的晋升机会

续表

指标类型	作者（年代）	指标内容
主客观指标整合	Nicholson（2005）	地位和头衔（等级位置）；物质成功（财富、财产、收入能力）；社会声誉与尊敬、威望、影响力；知识与技能；友谊、社交网络；健康与幸福
	Seibert and Kraimer（2001）	工作经历中获得的积累性的正面的工作和心理成果
	Eby（2005）；王忠军和龙立荣（2007）	职业满意度；组织内劳动力市场的竞争力；组织外劳动力市场的竞争力
	周文霞和孙健敏（2010）	物质报酬；权力地位；绩效贡献；安全稳定；才能发挥；获得认同；自由快乐；工作家庭；关系网络
	王震和孙健敏（2012）	收入水平；晋升次数；晋升速度；工作满意度；职业满意度；生活满意度

本章小结

在无边界职业生涯时代，女性领导者职业成功主要具有如下四方面的特征：特征一，女性领导者的职业成功（无论是组织内还是组织外的职业竞争力）具有灵活性和弹性；特征二，女性领导者追求工作意义、自我实现带来的内心满足感；特征三，女性领导者注重关系网络带来的与他人关联的感觉；特征四，女性领导者追求工作—家庭—自我平衡带来的生活完整性。

从学术界对女性领导者职业成功的测量来看，大量实证研究仍然主要依靠以男性为主导的传统职业成果和外在标准定义职业成功，如收入、财富积累以及在组织层级中的地位等，而女性自身对职业成功的理解可能很少跟外在的、男性的、传统的标准产生关联。女性职业成功强调自我实现和心理满足感这一本质特征得到了学术界的广泛认同。未来研究应该更加注重从女性自身对挑战性、成就感、个人成长和发展以及工作意义的心理感知等方面来衡量女性的职业成功。

对女性领导者职业成功进行清晰的界定和测量不仅具有理论意义，更具有重要的现实意义。对女性个体而言，在职业生涯发展中根据自己的内在需要来界定自己的职业成功可以使之避免走入盲目攀比的误区；对组织及其管理者而言，了解其女性员工尤其是女性领导者的职业成功定位，可以有的放矢地采取因人而异的激励措施，进行有效的激励。

第六章　女性领导者职业成功的特征模型及其量表开发与验证

随着女性地位的提升，女性员工在整体数量及其在总就业人数中的比例日益增多，甚至有些女性成为了公司董事会成员、大型公司总经理，或是作为杰出领导者出现在期刊、杂志的封面上，而女性领导者职业成长所承载的领导力也成为组织发展的重要力量。本章将在上一章女性领导者职业成功内涵、测量的基础上，构建女性领导者职业成功的特征模型，进而开发女性领导者职业成功的测量量表，并对其进行验证，以此作为后续实证研究的依据。

第一节　女性领导者职业成功的特征模型构建

一　研究设计与方法

由于对女性领导者职业成功的内涵理解还没有达成较为一致的结论，其特征模型都包含哪些内容，具有什么样的结构尚未形成系统的研究框架的情况下，运用质性研究收集一手资料应该是一种比较理想的研究方法。我们通过小规模调研、半结构化访谈以及参与性观察等多种数据收集方法，对多位来自不同领域、不同行业、不同企业性质、不同职位以及不同管理层级的女性领导者进行了探索性调研，采用内容分析和主题编码数据分析方法，挖掘女性领导者职业成功的内容及其结构，最终构建女性领导者职业成功特征模型。

1. 研究对象

本章的研究数据是关于女性高层次人才成长规律的国家教育部哲学社会科学重大科技攻关项目数据的一部分。因为质性研究强调通过研究对象获得丰富且具深度的信息，以求深入细致的解释性理解，所以不可能也没有必要采取概率抽样的方式。本书样本的选择采用理论抽样方法，按照分析框架和概念发展的要求抽取具体的访谈对象，在选择研究对象时主要考虑以下几方面的因素：①所抽取对象至少担任管理或领导岗位一年以上，具有一定的管理或领导经验，对领导者及其角色有一定的理解；②所带领的团队人数至少达到 5 人以上，其本人在团队中发挥重要的作用；③所抽取的样本在年龄和职位上满足阶梯性分布，主要体现在基层、中层和高层管理者的比例上；④兼顾研究对象的婚姻和生育状况，以充分代表多数女性平衡工作和家庭的需求现状；⑤同时还要兼顾抽样对象所在的领域、行业、企业性质的差异性。样本数的确定以理论饱和的原则为准，即样本抽取直至新抽取的样本不再提供重要信息为止。

　　最终一共 18 个样本成为我们的研究对象，如表 6 - 1 所示，按照年龄来看，35 岁以下的有 6 名，36—45 岁的有 8 名，46 岁及以上的有 4 名；按照学历来看，本科以下的有 4 名，硕士的有 8 名，博士（包括博士在读）的有 6 名；按照工作年限来看，拥有 10 年及以下工作经历的有 6 名，拥有 10—20 年工作经历的有 9 名，20 年以上工作经历的有 4 名；按照其所在单位的性质来看，事业单位为 4 名，政府机关部门为 1 名，外资企业为 8 名，国有企业为 2 名，股份制公司为 2 名，私营企业为 1 名；按照所属行业来看，教育业为 4 名，制造业为 4 名，服务业为 3 名，咨询业为 1 名，投资业为 2 名，IT 业为 3 名，司法业为 1 名；按照目前职位的等级来看，基层管理者为 2 名，中层管理者为 6 名，高层管理者为 10 名；另外女性样本中已婚人数为 16 名，未婚人数为 1 名，离婚人数为 1 名，而已婚女性中，已育人数为 15 名。

　　2. 数据收集——三角验证

　　（1）小规模问卷调研

　　2010 年 12 月 17 日上海同济大学举行"卓越女性成才之路——首届同济大学女教师论坛"，会议邀请来自复旦大学、上海交通大学、吉林大学、湖南大学等兄弟高校以及本校的优秀女教师参与主题会议和分论坛的讨论。本课题组针对女性人才成长所面临的主要困境以及她们对女性人才成长的主观评价设计预调研问卷，以获悉相关初步信息。本次预调研共发放问卷 86 份，回收问卷 73 份，回收率为 84.88%，其中有效问卷 63 份，有效回收率为 73.26%。经统计发现，在女性人才成长的过程中，她们看重自身能力和素质的提升，以此来不断提高自身的职业竞争力，对于女性

表 6-1　调研样本的初步统计情况

编号	时间	对象	年龄	学历	工作年限	所在单位	单位性质	所属行业	现任职位（职称）	婚育状况
1	2010.12.16	姚	50	博士	21	湖南大学	事业单位	教育业	教授	已婚已育
2	2010.12.18	于	49	博士	20	吉林大学	事业单位	教育业	教授	已婚已育
3	2011.9.28	刘	50	本科	28	同济大学	事业单位	教育业	副教授	离婚已育
4	2011.10.11	黄	39	博士	10	同济大学	事业单位	教育业	副教授	已婚已育
5	2011.12.20	蒋	35	博士在读	9	魏德米勒电联接	外资企业	制造业	HR总监	已婚已育
6	2012.3.25	谭	34	硕士	9	联合利华（中国）	外资企业	制造业	HR高级经理	已婚未育
7	2012.5.20	潘	32	硕士	6	上海同济科技实业股份	国有企业	投资业	HR主管	已婚已育
8	2012.6.19	陶	43	MBA	18	上海建科工程咨询	国有企业	咨询业	HR总监	已婚已育
9	2012.7.2	裴	41	本科	20	上海智联易才人力资源顾问有限公司	股份制公司	服务业	东区HR经理	已婚已育
10	2012.11.10	胡	34	本科	12	上海智联易才人力资源顾问有限公司	股份制公司	服务业	客服经理	已婚已育
11	2013.1.30	申	37	硕士	15	康宁（中国）	外资企业	制造业	全球产品总监	已婚已育
12	2012.2.18	顾	46	博士	22	上海伦杰信息技术有限公司	外资企业	IT业	副总经理	已婚已育
13	2013.2.26	黄	32	本科	9	上海伦杰信息技术有限公司	外资企业	IT业	测试主管	已婚已育
14	2013.3.29	陆	45	MPA	22	上海市杨浦区司法局	政府机关	司法	局长	已婚已育
15	2013.4.1	陈	37	硕士	14	百事（中国）	外资企业	制造业	报告与分析经理	已婚已育
16	2012.11.24	何	38	博士在读	15	铁姆肯（中国）	外资企业	投资业	HR总监	已婚已育
17	2012.12.19	焦	40	MBA	18	上海顺朝企业发展集团	私营企业	服务业	HR总监	已婚已育
18	2013.3.1	曹	32	MBA	8	上海伦杰信息技术有限公司	外资企业	IT业	开发经理	未婚未育

的职业成功，她们更加强调个人成长与发展、自我实现、内心满足感等心理成功，同时注重工作、生活与自我三者之间的平衡。

（2）半结构化访谈

本书通过设计半结构化访谈对来自高校、企业和政府不同领域的女性领导者进行深度访谈获得第一手资料。访谈提纲设计的过程中，访谈的问题尽量保持简明扼要，可包括介绍性问题、探索性问题和验证性问题，这些问题的次序应该按照漏斗形式排列，从简单、具体到困难、抽象来进行。访谈基本按照如下五个问题进行，如表6-2所示：第一个问题属于引导性问题，为了引出下一个关键问题；第二个问题是探索性问题，也是本次访谈的核心问题，用于挖掘女性自身对职业生涯成功的主观评价；第三、四个问题属于验证性问题，试图通过受访者对他人和自我的评价检验其职业成功标准的一致性或者丰富性；第五个属于拓展性的问题，对女性领导者职业成功的内容和要素进行尽可能的补充，以完善其内部结构。

表6-2 半结构性访谈的提纲设计

编号	开放性问题
1	职业成功对于你来说重不重要？
2	你心目中女性领导者职业成功的标准是什么？或者说，你认为女性怎样才算达到了职业成功？
3	你能举出一个你认为职业成功的女性来吗？你为什么认为她是成功的？
4	你目前的职业幸福感如何？来自于哪里？
5	为了获得职业成功，您有什么样的经验、心得与我们分享？

我们首先通过邮件的方式介绍本书的主要内容和目的，并就是否愿意接受本次访谈征求对方的意见，在得到肯定的回答以后我们会应受访对象的要求将本次访谈的主要提纲发给她们。访谈前我们首先对受访对象所在的单位及其本人进行信息搜索，一方面作为背景信息了解，另一方面还有利于作者在实际访谈过程中把控访谈的节奏，使得双方的沟通更为顺畅。进入访谈时，作者先就对方熟悉的话题进行沟通，以缓解受访者紧张情绪，然后才进入主题进行深度访谈。访谈过程中，笔者同时采用变换问题的方式，即通过了解受访者周围女性的职业生涯发展，而不是一味调查其自身的情况，这样可以有效避免不诚实回答。同时，在整个访谈过程中，

尽可能让受访者以故事的形式丰富其所要表达的观点。

（3）参与性观察

为了更好地接触研究对象，挖掘所观察到外在表象的内在理念、假设，笔者通过参与女性领导者所管理团队的技术会议和员工培训，尾随对其主要工作行为进行结构性观察等方式收集数据，以满足三角验证的需求。通过结构性观察，我们获得了关于被研究对象如何与其工作环境互动的系统而无选择性的文字记录，包括她们工作中打过交道的所有人、事、信息和资源等，而每个互动记录都形成了相应的日志，上面详细地记录了时间、地点、参与者和伴随该事件的对话。在每次观察过程中，作者如果有疑问或者想要进一步确认相关信息可以随时向研究对象进行发问，比如："这是什么?"、"发生了什么事情?"以及"您当时是怎么想的?"等，最终形成了完整的文本数据，期望能够全面反映研究对象在工作场所的社会关系及其互动的意义建构与价值观念。

3. 数据分析——内容分析法

在小样本问卷调研、半结构化访谈和参与性观察的基础上，本书采用内容分析法对收集到的一手资料进行了更加细致深入的分析和提炼。内容分析技术是通过定量的方法来分析定性的问题，以材料内容"量"的变化来推论"质"的变化。内容分析通常分为质性内容分析、量化内容分析和计算机辅助内容分析三种类型，而在实际操作时一般会结合各种分析方法的优势来综合使用。

为了保证研究的信度以及所构建模型的效度，对收集到的资料进行编码时主要采取以下策略：①编码小组。为了规避编码者本人的个人偏见和主观随意性对编码结果的影响，减少研究结果中的误差和提高理论敏感性，本章所有的编码过程都是由笔者和另两位课题组成员（一位是人力资源管理方向的博士生，另一位是人力资源管理方向 MBA 学生）首先各自独立完成，再对编码结果进行比较，寻找编码的差异性，对有差异的部分经过讨论，并取得共识，对于无法取得共识的部分编码交由第四位（一位人力资源管理方面的教授）进行评判。②备忘录。作者为每个案例都建立了一个表单进行备忘，详细记录该案例的编码和修改过程。③理论抽样和不断比较分析。这两种方法是理论框架的核心分析策略，贯穿本章研究的整个编码过程，已形成的初始概念和类别对后面案例的编码过程起到指导作用，而每当有新的概念或类别发现，再与先前的编码结果进行分析和比较，必要时对之前案例的编码进行修正。

在研究流程方面，本书遵循内容分析的一般步骤：资料获取、项目归类、主题提炼、理论抽象化、理论饱和度检验等。具体编码过程如下：

（1）项目归类

对原始资料的逐步归类化和概念化，这些类别是在原始数据中被提及次数最多、最为普遍的因素，归类化的结果就是女性领导者职业成功的基本要素和内容。实际操作中笔者将每一个项目单独写在一张小纸条上，由编码小组成员对项目的内容进行独立分析并归类，要求每一个项目只能归入一个类别，不能重复归类。每个人单独完成归类后再进行讨论，各自阐述理由，直到意见统一。这个过程还修改了语义含混、表达不清、容易引发理解歧义的项目，力求每一个项目的含义单一清晰准确。通过这一步骤归纳出了5个类别。

（2）提炼主题

该阶段的主要任务是通过分析各个不同类别在概念层次上确实存在的内在联结，发现和建立概念类别之间的各种联系，根据不同类别之间的相互关系和逻辑次序，对其进行重新归类，提炼出构念的核心主题，给出一个命名。最终形成女性领导者职业成功特征的5个子维度，分别命名为组织内职业竞争力、组织外职业竞争力、内心满足感、关系网络、工作—家庭—自我平衡。

（3）理论抽象化

将上述5个维度纳入外部特征、内部特征的过程，实际上是使女性领导者职业成功特征进一步抽象化的过程。本书进行编码的总体理论框架是西方职业成功文献中获得一致认同的职业成功的两大类标准：客观职业成功标准和主观职业成功标准。本书强调女性领导者职业成功是一个评价性的概念，是女性主体站在自我的主观立场上对职业发展历程及其结果的一种评价，不论是将那些外部较为直观的职业竞争力作为评价标准，还是将内部的感受作为评价成功的依据，这种用来评价职业成功的标准都是主观的。在这个意义上，本书在主观职业成功标准这个大前提下，将女性领导者职业成功特征分为外在特征和内在特征，用以取代客观标准和主观标准的表述，其中，组织内职业竞争力、组织外职业竞争力属于外在特征，内心满足感、关系网络、工作—家庭—自我平衡属于内在特征。

（4）理论饱和度检验

由于本书是基于访谈获取的资料进行归纳性分析。因此，获取的资料是否充分，将会对研究结论产生直接影响。为了保证访谈结果的充分与可靠，使用扎根理论创始人 Glaser 和 Strauss 提出的"理论饱和度"概念作为检验的标准，即当作者不能再从访谈或其他方面发现新的类别时，笔者就可以停止对资料的收集，进入理论构建阶段。理论饱和度是模型效度的重要保证，一般经验认为样本数在 20—30 之间即可达到理论饱和状态，本书的编码发现，当编码到第 16 个案例时，概念和类属已经基本饱和，而当编码到第 17—18 个案例时，除了同样的意思、不同的表达方式以外，没有新的关键词和类别出现。据此，我们可以认为，访谈收集到的资料达到了理论饱和度的要求。

（5）专家咨询会（Delphi 法）

通过前期文献的基本回顾，2010 年 12 月 17 日进行首次专家咨询会，会议时间为两个半小时，16 名人力资源资深专家采取头脑风暴法，结合女性自身特征，阐述女性领导者的职业成功应从哪些方面进行评估才符合我国国情。经过 3 个月的小规模测试、深度访谈和参与性观察后，对收集到的大量一手数据编码分析后得到了初步的理论框架，此时进行了第二阶段的专家咨询会，会议时间为 2011 年 3 月 20 日，时间持续 2 个小时，最终我们提出的女性领导者职业成功特征的内容与结构得到了专家们的基本认可，进一步保证了内容分析的信效度。

二 女性领导者职业成功的特征模型

在梳理女性领导者职业生涯及其成功相关研究文献的基础上，通过三角验证（小规模问卷调研、半结构化访谈和参与性观察）的质性资料收集，获得了大量与女性领导者职业生涯成功特征有关的一手资料；而后采用内容分析法，依次对以上资料进行了项目归类、主题提炼、理论抽象化、理论饱和度检验，最终获得了如表 6 - 3 所示的编码结果。

据此，我们构建了女性领导者职业成功特征模型，如图 6 - 1 所示。按照西方职业成功文献中获得一致认同的职业成功的两大类标准：客观职业成功标准和主观职业成功标准，本书从女性领导者职业成功特征的内容及其结构的研究目标出发，在主观职业成功标准这个大前提下，将女性领导者职业成功特征分为外在特征和内在特征，用以取代客观标准和主观标准的表述，其中组织内职业竞争力、组织外职业竞争力属于外在特征，内心满足感、关系网络、工作—家庭—自我平衡属于内在特征。

表6-3　　　　　　　女性领导者职业成功特征编码的具体结果

类别	维度	项目
女性领导者职业成功外在特征	组织内职业竞争力	所做的工作对单位很重要
		目前的工作有很大的权力和影响力
		单位认为我能为其创造价值
		在单位有很多发展机会
	组织外职业竞争力	在别的单位找到类似工作的容易程度
		短时间找到更好的工作机会的可能性
		是否有很多工作机会可以选择
		其他单位是否视其为有价值的资源
女性领导者职业成功内在特征	内心满足感	知识和技能不断积累，成为所在领域的专家
		所从事的工作能实现个人理想
		能在工作中发挥自身特长
		从事本人喜欢和感兴趣的职业
		工作中得到的满足感
		工作带来的成就感
	关系网络	工作中能处理好上下左右各种工作关系
		单位中有很好的人际关系网络
		他人总能在需要的时候给予帮助
		能在他人需要的时候给予其帮助
		周围人脉接触和联络所带来的幸福感
	工作—家庭—自我平衡	工作之余还有时间充分享受家庭生活
		工作和家庭生活之余还能做我自己想做的事情
		在繁重的工作压力下依然保持身心健康
		工作中还能兼顾家庭
		事业、家庭和个人生活都能达到一种平衡状态
		如果没有健康的身体、和睦的家庭就不算事业有成

　　与男性传统的职业成功外在特征（高薪酬、高收入、晋升速度快、晋升次数多、社会地位和荣誉高等）不同的是，由于受到传统性别规范束缚，女性承担着更多的家庭责任，其任何职业决策都需要考虑各种生活背景因素，其职业生涯发展模式更具有灵活性和弹性；与此同时，为了获得与男性平等的培训和工作任务机会，女性可能需要不断提升自己的知识

储备和技能水平以证明自己的专业成熟度，因此，女性更加注重拥有并保持同等甚至高于男性的职业竞争力，该职业竞争力不仅表现在现任雇主的价值，也体现在外部劳动力市场上的价值，因此其职业成功更适应无边界职业生涯的特征，而这与 Eby 等人（2003）所提出的无边界职业生涯职业成功的客观标准是一致的。

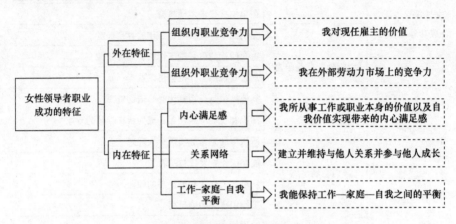

图 6-1 女性领导者职业成功的特征模型

从内在特征来看，女性领导者职业成功不仅强调自我实现（主要指知识、技能的积累以及才能发挥）和工作意义（所从事工作或职业本身的价值）带来的内心满足感；同时，她们不会在追求个人事业发展的道路上孤立自己，她们愿意跟周围的人建立并维持良好的人际关系并参与他人成长，同时也需要这种关系网络给自己带来的幸福感，因此，她们也倾向于从与他人"在一起"、关心并为他人提供福祉的角度来界定职业成功，某种程度上，她们追求成就自我和成就他人之间的平衡；在处理事业、家庭和个人生活三者关系方面，女性总是试图寻找一种平衡，她们追求职业、自我和家庭多方面的成功，从而实现生活的完整意义。

第二节　女性领导者职业成功的量表开发与验证

通过文献梳理我们发现，尽管已有一些学者围绕女性领导者职业成功开展了相关的研究，但这些研究多数围绕职业成功的某个方面，比如，组织内外的职业竞争力或工作—家庭—自我平衡，缺乏统一的研究框架；最为关键的是，目前对职业成功的研究缺乏系统的研究量表，而且各个研究结论之间存在较大的差异，很难满足将研究结论推而广之的需求。通过前面的工作，在质性研究的基础上我们已经构建了女性领导者职业成功特征的理论模型，以下研究将根据上述研究结果，对女性领导者职业成功特征模型进行实证检验，从而开发和验证女性领导者职业成功的测量量表。

一　量表设计与开发

通过对质性材料的分析，本书已经初步明确了女性领导者职业成功的内容维度及其结构，对女性领导者职业成功的内涵有了更为清晰的认识，但仍需要通过大样本的定量研究数据开展进一步的交叉验证。因此，本部分在访谈研究结果的基础上，进一步开发女性领导者职业成功的测量工具，并通过大样本数据对多维度构思进行信度和效度检验，以保证量表的准确性和稳健性，为后续的实证研究提供工具支持。

调查量表是社会科学研究中最常见，也是较为有效的测量手段之一，它可以被用来验证模型的准确性和稳健性。在量表的开发方面，已有作者认为至少有以下两点值得强调：其一，测量问卷的题项应尽量避免有社会称许性的提法，仅对客观进行描述；其二，测量问卷的题项应涵盖整个理论概念的构思领域。为了开发出科学的测量量表，并保证职业成功模型的结构维度能够完全涵盖女性领导者职业成功的理论边界，本书的量表题项主要来自于两个方面：其一，系统梳理国内外已有研究的相关理论描述，借鉴已有研究中对职业成功某些维度或侧面测量工具形成的测量题项；其二，总结上一章从访谈材料汇总提取出的女性领导者职业成功的结构维度，得出相应的测量题项，最终形成的初始测量题项汇总如表6－4所示。

由于目前已有研究中缺乏一个整合的女性领导者职业成功量表以供"修订"；同时，完全自行开发的量表在"与西方经典文化理论契合"方面可能会存在一定的缺陷，于是本书采用了整合多种研究方法的思路。在形成了初始问题之后，笔者又邀请了本书课题组成员（包括一位人力资源管理方向的教授、两位博士研究生）对题项的概念内涵和语义表达进行了多次讨论，以保证量表题项尽可能准确、清晰、简洁。

表 6 - 4 女性领导者职业成功的初始量表

序号	题项
ZN1	我正在做对单位很重要的工作[a][b]
ZN2	我对目前的工作有很大的权力和影响力[b]
ZN3	因为我的技能和经验，单位认为我能为其创造价值[a][b]
ZN4	我在单位有很多发展机会[a][b]
ZW1	我很容易就能在别的单位找到类似的工作[a]
ZW2	我在 6 个月之内找到一个更好工作机会的可能性很大[a][b]
ZW3	凭我的技能和经验，我有很多工作机会可以选择[b]
ZW4	凭我的技能和经验，其他单位会视我为有价值的资源[b]
NX1	知识和技能不断积累，成为所在领域的专家[a][b]
NX2	我所从事的工作（职业）能实现我的理想[b]
NX3	能在工作中发挥自己的特长[a][b]
NX4	我所从事的是我喜欢和感兴趣的职业[a][b]
NX5	能从工作中得到满足感和成就感[b]
GX1	工作中能处理好上下左右各种工作关系
GX2	单位中有很好的人际关系网络，他们总能给我以帮助[c]
GX3	我能在他人需要的时候主动给予帮助[c]
GX4	我觉得与周围同事的接触和联络能够给我带来幸福感[b]
PH1	我在工作之余还有时间充分享受生活[b]
PH2	在繁重的工作压力下依然保持身心健康[b]
PH3	我在工作中还能兼顾家庭[a][b]
PH4	事业、家庭和个人生活都能达到一种平衡状态[c]
PH5	如果没有健康的身心、和睦的家庭，事业再有成就也不算职业成功[c]

条目来源：a 为已有研究；b 为访谈提炼；c 为访谈修订。

二 量表的验证

本书主要采用两种方式收集数据：一是通过发放纸质问卷，当场回收以及邮寄的方式回收；二是通过电子邮件的方式，由答卷者完成后发回。

本部分的调研工作主要分为两个阶段，具体的两阶段调研样本基本信息统计如表 6 - 5 所示：

表6-5　　　　　　　　　　　两阶段调研样本基本信息统计

		预试样本（N=135）		第二阶段样本（N=201）	
		（个）	（%）	（个）	（%）
年龄	25 岁以下	36	26.7	9	4.5
	25—35 岁	49	36.3	168	83.7
	36—45 岁	32	23.7	19	9.5
	45 岁以上	18	13.3	5	2.3
学历	大专以下	4	2.9	3	1.3
	大专	7	5.2	5	2.6
	本科	34	25.2	85	42.4
	硕士及以上	90	66.7	107	53.7
婚姻状况	未婚	19	14.1	30	14.9
	已婚	103	76.3	157	78.1
	其他	13	9.6	14	7.0
生育状况	未育	45	33.3	52	25.9
	1 个子女	84	62.2	131	65.2
	2 个及以上子女	6	4.4	18	8.9
领导经历	2 年及以下	22	16.3	49	24.3
	3—10 年	80	59.3	125	62.3
	11—20 年	20	14.8	7	3.6
	20 年以上	13	9.6	10	9.8
职位等级	基层管理者	58	43.0	102	50.6
	中层管理者	64	47.4	77	38.1
	高层管理者	13	9.6	22	11.3

1. 预试样本调研

预试样本调研集中在 2012 年 7 月至 8 月进行，预试样本由建筑行业的 140 位女性构成，她们于 2012 年分别参加了同济大学 MBA、EMBA、EDP 三个不同的领导力培训项目，这些项目完全面向所有建筑行业人员公开招募，且项目计划发放到了全国主要的建筑公司、综合性大学以及建筑类院校。问卷采用现场发放并回收的方式，由于其中 5 位缺失了重要的基本信息，所以最终有效样本为 135 份，回收率达到了 96.4%，本次预调研数据用于探索性因子分析。

2. 第二阶段调研

为了进一步验证预试样本阶段由探索性因子分析所得到的构思维度，本书还开展了第二阶段的调研取样，主要集中在 2012 年 11—12 月进行。在第二阶段的调研过程中，我们扩大了调研的范围，调研范围覆盖上海、深圳、江苏、山西等地，共涉及制造业、服务业、建筑业、零售业等多个行业。此阶段共发放问卷 260 份，主要采用了便利采样的方法，分别利用了邮寄和电子邮件的方式发放问卷。在剔除了空白问卷、关键数据缺失以及填答明显不认真的问卷之后，获得有效问卷 201 份，回收率为 77.3%。本次调研数据用于验证性因子分析。

3. 探索性因子分析

探索性因子分析（Exploratory Factor Analysis，EFA）是检验量表准确度的一种常用方法，它通过对指标的因素分析所得到的因素负荷以识别构思的内部结构，并对指标进行删减和增补。探索性因子分析不仅可以解释指标之间的相关程度，而且还可以估计这些指标与共同因素之间是否存在共同变异，非常适合测量指标初期的验证。因此，本书采用 SPSS 19.0 软件进行信度系数的计算机探索性因子分析。

本书采用主成分法获取公共因子，通过方差最大法（Varimax）的正交旋转方法获得各因子的负载值。对女性领导者职业成功的题项进行探索性因子分析，其因子结构符合前面提到的五个主要维度，即组织内职业竞争力、组织外职业竞争力、内心满足感、关系网络和工作—家庭—自我平衡，通过删除每个维度中与概念相关性不强的题项，得到最终的因子分析结果。内心满足感中删除的题项是"我所从事的工作能实现我的理想"，关系网络中删除的题项是"工作中能处理好上下左右各种工作关系"，工作—家庭—自我平衡维度中删除的题项是"如果没有健康的身心、和睦的家庭，事业再有成就也不算职业成功"。探索性因子分析的最终运行结果如表 6-6 所示，其 KMO 值为 0.929，说明适合使用因子分析得到相关因子。女性领导者职业成功五个因子（即组织内职业竞争力、组织外职业竞争力、内心满足感、关系网路和工作—家庭—自我平衡）的初始特征值均大于 1，这五个因子解释的方差分别为 16.902%、13.008%、11.085%、10.652%、9.944%，累计解释方差为 61.591%，每个因子的问题项因子载荷均大于 0.5，Cronbach's α 分别为 0.745、0.818、0.884、

0.738、0.821。可见，因子分析的因子区分效度较好且信度较高。

表6-6 女性领导者职业成功探索性因子分析结果

因子	题项	因子载荷	解释方差	Cronbach's α
组织内职业竞争力	我正在做对单位很重要的工作	0.650	10.652%	0.745
	我对目前的工作有很大的权力和影响力	0.736		
	因为我的技能和经验，单位认为我能为其创造价值	0.760		
	我在单位有很多发展机会	0.665		
组织外职业竞争力	我很容易就能在别的单位找到类似的工作	0.702	13.008%	0.818
	我在6个月之内找到一个更好工作机会的可能性很大	0.775		
	凭我的技能和经验，我有很多工作机会可以选择	0.692		
	凭我的技能和经验，其他单位会视我为有价值的资源	0.768		
内心满足感	知识和技能不断积累，成为所在领域的专家	0.731	16.902%	0.884
	我能在工作中发挥自己的特长	0.769		
	我所从事的是我喜欢和感兴趣的职业	0.735		
	能从工作中得到满足感和成就感	0.738		
关系网络	单位中有很好的人际关系网络，他们总能给我以帮助	0.620	9.944%	0.738
	我能在他人需要的时候主动给予帮助	0.761		
	我觉得与周围同事的接触和联络能够给我带来幸福感	0.617		
工作—家庭—自我平衡	我在工作之余还有时间充分享受生活	0.587	11.085%	0.821
	在繁重的工作压力下依然保持身心健康	0.697		
	我在工作中还能兼顾家庭	0.746		
	事业、家庭和个人生活都能达到一种平衡状态	0.786		

根据探索性因子分析的结果，本书进一步对女性领导者职业成功的各个维度进行了描述性和相关性统计分析。如表6-7所示，尽管组织内职业竞争力、组织外职业竞争力、内心满足感、关系网络和工作—家庭—自我平衡5个维度之间显著相关，但是相关系数都在0.6以下，这就说明共同变异问题不明显。本书的结论与上一章质性研究的结论基本一致，因此，女性领导者职业成功构思主要包含组织内职业竞争力、组织外职业竞争力、内心满足感、关系网络和工作—家庭—自我平衡5个维度。

4. 验证性因子分析

当以问卷题目或其他观测变量测量潜变量之前，通常已经假设以某些固定观察变量来测量潜变量，此时需要采用验证性因子分析，通过观察

表 6 - 7 　　　　　　　　　　女性领导者职业成功各维度描述性统计

维度	均值	标准差	组织内职业竞争力	组织外职业竞争力	内心满足感	关系网络	工作—家庭—自我平衡
组织内职业竞争力	4.01	0.41					
组织外职业竞争力	3.67	0.43	0.41**				
内心满足感	3.75	0.55	0.38**	0.31**			
关系网络	3.62	0.54	0.35**	0.29**	0.34**		
工作—家庭—自我平衡	3.78	0.46	0.34**	0.32**	0.37**	0.39**	

注：* 表示 $p < 0.05$，** 表示 $p < 0.01$。

测量指标与假定模型的拟合程度，以检验测量的构思效度。为了进一步检验女性领导者职业成功构思的信度和效度，本书在探索性因子分析的基础上，利用第二阶段更大样本的调研数据，对理论构思进行了验证。

验证性因子分析从模型的理论内涵出发，通过假设模型与多个备选模型之间的比较从而产生最优模型，以达到验证的目的。本书基于质性研究和探索性因子分析，提出了 4 个竞争模型，包括：M1 为双因素模型，即组织内职业竞争力和组织外职业竞争力的题项归为外在职业成功这一个维度，内心满足感、关系网络和工作—家庭—自我平衡归为内在职业成功一个维度；M2 为三因素模型，即组织内职业竞争力和组织外职业竞争力的题项归为职业竞争力一个维度，关系网络和工作—家庭—自我平衡的题项归为关系与平衡这一个维度；M3 为四因素模型，即仅将组织内职业竞争力和组织外职业竞争力归为职业竞争力一个维度；M4 为五因素模型。4个竞争模型是依据各维度的相关系数，同时参考现有文献的研究成果所得出的，竞争模型如图 6 - 2 所示。

Foxall 和 Hackett（1992）研究指出，验证性因子分析的很多拟合指标容易受到样本量和题项数量的影响，必须综合多个观测指标对模型的拟合优度进行分析。通过对以往研究中验证性因子分析指标的整理，本书选择了 5 个常用的指标：

（1）卡方自由度（/df）指标。由于卡方检验对样本数非常敏感，样本量越大，越有可能导致理论模型被拒绝，因此，多数学者建议采用卡方自由度之比来考察模型的拟合度，通常情况下：卡方自由度之比小于 2 时，表明模型拟合较好；卡方自由度之比在 2—5 之间时，模型也是可以接受的。

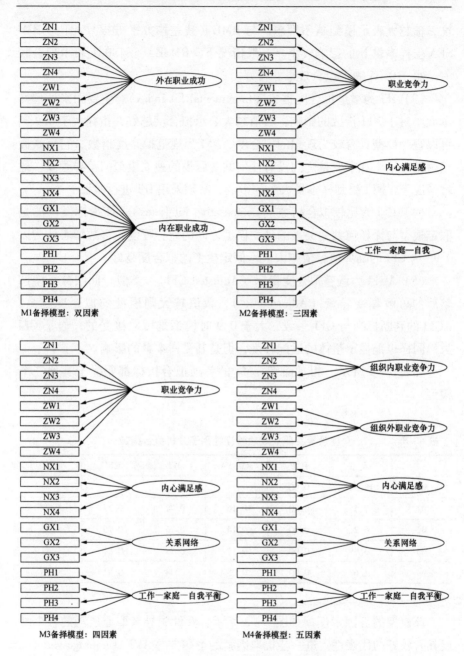

图 6-2　女性领导者职业成功的竞争模型

（2） RMSEA（Root Mean Square Error of Approximation）为平均"近似"平方误根系数。它主要用来比较假设模型与饱和模型之间的差异程度,值越大表示模型越不理想。与 RMR(残差均方平方根)相比,RM-SEA 受样本量 N 的影响较小。一般情况下,RMSEA 小于 0.1 表示拟合较好,小于 0.05 表示拟合效果非常好。

(3) IFI 为增量拟合度指数(Incremental Fit Index)。主要用来处理样本大小对于 NFI 指数的影响:数值越大表示拟合度越好,指标大于 0.9 则可以视为模型具有较为理想的拟合度。NFI 为规范拟合度指数,它反映假定模型与一个观察变量之间没有任何共变假设的独立模型的差异程度,通常情况下,NFI 受到样本量大小的影响,必须采用 IFI 进行验证。

(4) CFI 为比较拟合指数(Comparative Fit Index)。该指标反映的是假定模型与无任何共变关系的独立模型之间的差异程度,多数学者认为以 0.95 为 CFI 的临界值,值越大表示假定模型的拟合度越好。

(5) AGFI 为调整拟合度指标(Adjusted GFI)。类似于回归分析中调整后的可解释变异量(Adjusted R^2),数值越大则模型的拟合度越高;AGFI 的判断标准与 GFI 一致,大于 0.9 时模型是可以接受的,但是 GFI 虽然同样也能显示整体的适配程度,但是其受样本量的影响。

如表 6-8 所示,相对而言,M4 的各项拟合指标都要优于其他三个模型。

表 6-8　　　　　女性领导者职业成功验证性因子分析拟合指数

	x^2/df	P 值	RMSEA	IFI	CFI	AGFI
M0	10.31	0.00				
M1	7.54	0.00	0.16	0.72	0.77	0.77
M2	6.21	0.00	0.14	0.75	0.76	0.76
M3	3.99	0.00	0.11	0.79	0.81	0.81
M4	1.67	0.00	0.05	0.94	0.93	0.93

该模型的五因素模型如图 6-3 所示,女性领导者职业成功的各个维度具有较好的代表性。进一步提取因素的平均方差 AVE(Average variance extracted),即各测量条目对其所属维度的平均变异解释力。五个因素的 AVE 值均在 0.59—0.77 之间,均超过经验判断标准 0.5,故该量表具有较好的聚合效度。

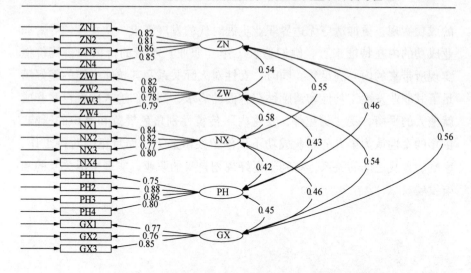

图 6 – 3 女性领导者职业成功的验证性因子分析结果

本章小结

本章首先通过三角验证的小规模问卷调研、半结构化访谈和参与性观察收集了大量的一手资料，利用内容分析法对以上收集到的资料进行了主题编码，从而归纳出了源于女性特质的女性领导者职业成功的结构维度，研究发现女性领导者职业成功包含组织内职业竞争力、组织外职业竞争力、内心满足感、关系网络以及工作—家庭—自我平衡 5 个维度，该特征模型不仅摆脱了男性传统的职业成功框架，而且为女性领导者职业成功系统框架的形成及女性职业理论的丰富和完善奠定了理论基础。该部分还通过相关性分析、探索性因子分析和验证性因子分析等实证方法对以上女性领导者职业成功特征模型进行了检验，从而开发和验证了女性领导者职业成功的测量量表，为后续的组织情境对女性领导者职业成功的影响机制研究提供了工具性支持。

女性领导者职业成功特征模型中的五因子结构是一个紧密联系的有机整体，其中，组织内部与外部的职业竞争力体现了职业成功的外在性特征，与传统职业成功外在特征意味着符合社会和组织强加的向人们展示的薪酬、社会地位等不同，女性更倾向于认为职业竞争力的提升有助于职业的成功实现，更加适应无边界职业生涯时代的发展需求；从女性领导者职业成功的内在特征来看，她们追求工作（职业）本身的价值和自我价值实现所带来的内心满足感，同时，女性对人际关系及其技能本能的偏好满足了其职业发展工具性和情感性双方面的需求，即她们追求成就自我和成就他人的平衡；受"男主外，女主内"传统性别角色规范和意识的影响，更多的女性认为个人的职业成功不仅停留在事业上，而且正确对待工作、家庭、自我之间的关系，有利于更好规划自身的职业，实现生活关系的和谐发展。

第七章　组织情境影响女性领导者职业成功的作用机制

随着女性知识结构和社会地位的不断提高，越来越多的职业女性进入了传统的男性职业领域，甚至进入企事业单位的管理层次，成为其所在组织的领导阶层。尽管女性在员工队伍中的地位已经有所提升，但是能够晋升到组织高层的女性领导者仍然是凤毛麟角，甚至女性高层所占比例还有倒退的趋势，这使得女性领导者职业生涯成功的影响因素及其影响机制一直是人们研究的焦点问题。

关于女性职业成功影响因素的研究，大致可以归纳为社会—人口、个体差异和组织环境3种类型，当前作者主要关注前两种类型的因素，即通常持社会环境和个体差异取向；相反，作为社会代理人，组织情境因素的影响虽然具有较强的操作性和实际意义，但对于影响女性职业成功的具体组织情境（哪些组织情境因素促进或阻碍了女性获得职业成功）及其中介机制（组织情境通过哪些中间环节对女性职业成功产生影响）学术界一直缺乏系统的研究框架。针对上述研究现状，本章笔者将以企业经营领域的女性领导者为对象，从性别视角出发，探讨在当代中国背景之下组织情境对女性领导者职业成功的作用机制。

第一节　组织情境影响女性领导者职业成功作用机制的理论模型构建

女性领导者的职业成功研究是多学科交叉研究的重要课题之一，国外许多学者对女性职业生涯发展的阶段、路径、模式、影响因素和策略进行了有意义的描述、探索和解释，为我们增进对女性职业经验的理解提供了源自不同领域的研究成果，包括管理学、心理学、职业咨询、组织行为学、组织心理学、社会学以及性别研究等。我们选择梳理近 30 年职业生涯领域、管理学、应用心理学核心期刊（比如 JOB、JVB、IJTD、CDQ、JCD、HRDQ、AJS 等期刊）近十年来关于女性职业成功的研究（共计 112篇，其中定性方面的研究为 37 篇，定量方面的研究为 75 篇）中与女性职业生涯及其成功紧密相关的研究文献。一方面，我们发现与女性职业相关的研究文献不仅集中在职业领域期刊上，还大量出现在管理学和应用心理学领域；另一方面，之所以选择 1990 年开始至今的研究，主要考虑到这30 年全球经济高速发展，越来越多的女性涌入劳动力市场，她们的职业生涯获得前所未有的繁荣发展，女性职业成功理论也渐渐成为各领域研究的焦点，具体统计情况如表 7－1 所示。

在文献搜索的过程中，我们发现与女性职业发展及其成功相关的研究构念，包括导师、社会网络、权利、玻璃天花板、性别歧视、职业晋升、个人发展、关系实践、工作—家庭平衡、职业生涯中断、女性领导力等。这些分散且零碎的研究不仅增加了研究构念彼此重叠的可能性，削弱了彼此的叠加作用，甚至造成不同背景、不同视角研究结论之间相互矛盾，不利于我们对女性职业经验形成一致理解。

一　组织情境对女性领导者职业成功的直接作用

在文献搜索的过程中，我们发现关于女性职业成功影响因素的研究，大致可以归纳为社会—人口、个体差异和组织环境 3 种类型，当前作者主要关注前两种类型的因素，即通常持社会环境和个体差异取向。Tharenou等（2005）发现，个体和环境因素对男性和女性的职业成功的影响作用存在明显的差异，其中个体因素能够解释男性职业成功的更大变异，而环境因素对女性职业成功的解释力则较大。与此同时，社会环境的影响范围广泛但改变起来难度大。人们对组织情境的影响因素及其影响机制的关注由来已久。1986 年《华尔街日报》一篇由 Hymowitz 和 Schellhardt 撰写的关于公司中女性的报道中便提出了"玻璃天花板"（glass ceiling）的概念，用来指工作在公司、政府、教育和非营利组织中的女性在努力或渴望获得高层职位和更高薪酬水平时所遇到的组织障碍。近年来越来越多的学者认为，当组织环境不支持女性领导者发展时，其职业生涯将会受到阻碍，即存在性别歧视或性别偏见的组织情境最终将使女性处于边缘地位（Rothstein et al.，2001；许艳丽、谭琳，2002）。

假设 1：性别化的组织情境与女性领导者的职业成功呈正相关关系。

表7-1　　　　　　　　　女性职业成功的相关研究变量统计

单位：篇、%

前因变量	篇数（占比）	中介变量	篇数（占比）	结果变量	篇数（占比）
工作—家庭卷入	5 (6.67)	网络行为	12 (16)	职业成功	
自我启发指导	3 (4)	所获得的指导	18 (24)	职业幸福感	3 (4)
职业自我效能感	9 (12)	工作家庭冲突	7 (9.33)	职业满意度	19 (25.33)
职业发展目标	4 (5.33)	工作家庭角色模糊	11 (14.67)	收入与职位	12 (16)
职业动机	8 (12)	工作家庭时间要求	6 (8)	工作家庭冲突	3 (4)
学习目标取向	6 (8)	工作满意度	5 (6.67)	生活满意度	9 (9.33)
大五人格	9 (9.33)	家庭满意度	7 (9.33)	工作家庭平衡	5 (6.67)
情绪智力	7 (9.33)	心理支持	9 (9.33)	工作绩效	3 (4)
孩子个数	2 (2.67)			职业生涯模式	3 (4)
教育情况	5 (6.67)			职业专长	4 (5.33)
职业能力	7 (9.33)			职业主动性	1 (1.33)
工作价值观	5 (6.67)				
职业形象规范	2 (2.67)				
持续学习	2 (2.67)				
创造机会	1 (1.33)				

二　内部人身份认知的中介作用

内部人—外部人二分法是组织行为学领域常用来讨论雇佣关系管理的研究主题。Stamper 和 Masterson（2002）提出了内部人身份认知（Perceived Insider Status，PIS）的概念，描述了员工在多大程度上认为自己是组织的内部人，也即员工在某一特定组织内能够感知到他或她"内团体成员"身份的程度，他们同时指出，员工感知到的"内部人身份"来自于员工对其与组织之间的雇佣关系的认知。

很多学者基于不同视角和不同理论对企业雇主如何创建员工的"内部人"（insider）或"外部人"（outsider）身份进行了有意义的探索，研究结论主要集中在以下两个方面：一方面，组织基于社会交换理论，分别给两种人提供不同的诱引，差异化的诱引会导致有些员工认为自己对组织是重要的，有些员工对组织是次要的，进而使得员工形成了"内部人"、"外部人"不同的身份感知。研究表明，如果组织没有与员工分享信息，要求员工遵守严格的政策和程序，不尊重员工的个体独立性，从而向员工传递他们对组织并不重要的信号，那么员工就不可能产生自己是组织内部成员的感知；如果组织向某些员工提供诸如员工福利、培训和职位晋升等诱引，这是在向这些员工发出他们已经获得了"内部人"身份的信号（Stamper and Masterson, 2002; Rhoades and Eisenberger, 2002）。另一方面，基于社会认同理论，人们通过各种社会实践和工作互动，对自己能否完全参与到组织活动中，成为组织系统中的一部分，即组织是否真正将自己包括进去做出判断，而这种判断为内部人身份认知提供证实、鼓励或者对内部成员身份造成破坏。与员工感觉到自己受到组织的重视不同的是，组织社会化过程通过定义什么是正常的、自然的且可以接受的，向人们传递组织共识、规范。研究表明，心理契约履行程度、参与决策（Wang 等，2006）以及分权（Chen and Aryee, 2007）等组织社会实践活动均能使得员工产生组织归属感或主人翁意识，进而对员工内部人身份认知具有显著影响。

近年来，学者们对女性领导者的"内部人"组织身份进行了探索性研究。Singh 等（2006）的研究指出，较男性而言，更多高层女性更愿意接受群体或团队的"内部人"的身份，比如，引导变革、帮助和支持他人等，她们表现出亲社会行为，并通过构建和管理自己的社会网络给该网络内部成员和组织带来益处。关于女性领导者获得组织"内部人"身份的策略，Zelechowski 和 Bilimoria（2003）通过对来自《财富》1000 强的6 位女性公司内部董事访谈内容的系统编码，发现她们在融入（inclusion）组织氛围的同时，试图对组织产生影响（influence）。Fondas（1997）和Fletcher（1998）通过对女性领导者工作场所关系实践（比如，合作、联系、赋权、团队合作以及冲突处理）理论模型的构建，不仅实现了女性主义视角的工作概念重构，而且其组织"内部人"身份偏好及其行为也引起了人们的关注。尽管如此，研究发现，性别化的组织情境将使得女性领导者的内部人身份认知的自由受限，人们对关系实践的错误归因以及缺乏组织话语权等成为她们组织"内部人"身份认知的主要障碍所在。至此，可以提出如下假设：

假设 2：性别化的组织情境与女性领导者的内部人身份认知呈负相关

关系。

Rhoades 等（2001）认为，高水平内部人身份认知而产生的自我认知与定位，不仅能满足员工的社会情感联系需求，还会影响到员工的工作行为与结果。姜定宇和郑伯埙（2003）研究指出，认知为组织自己人的员工，会对组织有强烈的归属感和忠诚感，愿意将组织的利益置于个人利益之上，主动为组织付出。Turner 等（1987）也发现，当个体将自我定义为群体中的一分子时，会表现出更多的利他行为。由此可见，如果能让女性领导者感到自己是组织的"主人翁"，或者组织内团体成员的身份，那么不仅能够满足她们的情感需求，而且还能促使她们产生积极的工作行为与结果，而这些无疑是其实现职业成功的重要累积。另外，Mor Barak 和 Levin（2002）的研究指出，组织排斥感在区别于公司"主流"员工缺乏工作机会和经验及其工作效能之间具有重要的解释效力。至此，我们可以提出如下假设：

假设3：女性领导者的内部人身份认知与职业成功呈正相关关系。

假设4：内部人身份认知在性别化的组织情境与女性领导者的职业成功之间起中介作用。

三　性别身份认同的中介作用

社会认同理论创始人 Tajfel 认为，一个人的社会群体成员身份和群体类别是一个人自我概念的重要组成部分，并主张人们努力地获得和维持积极的社会认同，这种积极的认同很大程度上来自内群体和相关外群体的比较。该理论对组织中性别研究的指导意义在于帮助我们探索组织情境下个体的性别群体成员身份和性别群体类别是如何塑造其对性别意义和经验的主观感受的。尽管性别身份认同对组织中的性别作者来说并不是新鲜概念，但是将它们应用到组织情境中并不是一件容易的事，需要找到合适的途径将组织情境与个体身份联系起来，以便融入组织性别实证研究主流。我们的研究将性别身份认同的作用机理作为研究的焦点，试图回答这样的基本问题：组织情境是如何通过工作场所中性别身份认同谈判过程影响女性职业生涯发展及成功的？

所谓性别身份认同是指某人对作为男性或女性所赋予的意义，是人们在工作场所的社会关系及其互动中于性别概念上的自我和他人之间寻找差异性和共同点后形成的主观感受，其本质是对组织中性别的理解。性别身份认同回答了两个基本问题：我是谁？我归属于哪个阶层？由于不同时空、地点和不同群体所指的身份认同都是不一样的，所以对与性别身份认同有关的相关概念进行梳理和区分，对我们更深层次地理解性别身份认同至关重要。如表 7 – 2 所示，本书认为：（1）依据不同的认同主体层面，身份认同在结构上可以划分为三个类别：个体身份认同是关于个人价值观、理想、目标、情感和主观连续性与独特性的感觉，社会身份认同以及组织身份认同是关于与他人相联系的自我和自我公众形象的感知，集体身份认同是指那些与人口统计学群体（如性别、种族、民族、年龄、阶层等）从属关系有关的自我概念；（2）身份认同与角色认同有着本质的不同，角色认同突出的是对角色所给予的行为准则的遵守和义务的承担，而身份认同强调身份的归属却不一定要有相应义务的承担；（3）性别身份认同、职业身份认同和种族身份认同等隶属于身份认同，代表对自己所归属某一群体的共同性和与其他群体的差异性的认知和对自我身份的觉察，以及所伴随的情感体验和行为模式，是身份认同在某一社会群体成员归属上的特殊表现。

性别化的组织情境主要是指组织中与性别有关的组织文化与实践，具体包括以下内容：与组织资源、信息和机会分配有关的正式政策、程序和非正式规范，对男女两性领导者的行为期望、能力感知和价值评价等社会互动模式以及叙述、修辞、故事等代表性组织语言表达。在某个特定的组织情境下，女性领导者的性别身份认同更多是以人们遵从的信念和期望，以及他们所偏好的具体体验过程的形式表达出来的，比如，哪些组织情境因素有利于性别身份认同中传统性别角色的表达？哪些对其产生了破坏作用？哪些组织情境因素拓展抑或限制了人们对性别自我理解和自我表达的可能性？通过以上问题的回答，女性领导者将性别化的组织情境与自我身份联系在了一起，即开始从性别的角度来定义组织情境中的自己。正因为女性领导者或多或少需要符合理想性别模式以获得社会认同，从而对自己是否遵从性别刻板信念和行为做出指示。因此，性别化的组织情境通过定义什么是正常的、自然的且可以接受的，向女性领导者传递性别规范与共识；与此同时，女性个体通过自我监督和自我校正，缓解偏离传统性别规范所带来的压力和担心。

假设 5：性别化的组织情境与女性领导者的性别身份认同呈负相关关系。

表7-2　　　　　　　　　　　**性别身份认同与相关概念的区分**

相关概念	内涵界定
身份认同	曼纽尔·卡斯特（2003）认为，个体身份认同是人们获得其生活意义和经验的来源，它是个人对自我身份、地位、利益和归属的一致性体验
个体身份认同	Tajfel 和 Turner（1986）认为，个体身份认同是指个体对自己独特性的意识，由此，个体身份认同使个体在时空上确立自己是同一个人而不是其他人
社会身份认同	Tajfel（1978）将社会身份认同定义为，个体认识到自己所在群体的成员所具备的资格，以及这种资格在价值上和情感上的重要性
组织身份认同	Ashforth（1989）认为，组织身份认同是个体源于组织成员身份的一种自我构念，它是个体认知并内化组织价值观的结果，也是个体在归属感、自豪感和忠诚度等方面流露出的情感归依
角色认同	Jenkins（1996）认为，角色认同提供了一个自我在角色中的定义，它包括和角色有关的目标、价值观、信念、规范、时空和角色间相互作用模式的认知
性别身份认同	Deaux 和 Stewart（2001）认为，性别身份认同是人们将性别概念与工作中我是谁这一概念的融合，其本质是人们对作为组织中的男性或女性所赋予的意义
职业身份认同	Samia、Bernie 以及 Bob（2007）认为，职业身份认同是个人作为职业中的成员的自我定义，它与职业角色的制定有关
种族身份认同	Sellers 等（1998）认为，种族身份认同是对关于种族意义和其重要性等方面产生的态度和信念

进一步，Eagly（1998）认为与作为结果的性别差异不同，性别身份认同认为性别是男女两性价值观、情感和行为差异制造者，其本身还会随着性别权利谈判过程而发生动态变化。Deaux 和 Stewart（2001）研究也指出，认同某个性别能产生或积极、或消极、或矛盾的情感，而这取决于组织情境下男性和女性之间相对差异的本质属性及其显著性，而这种性别差异及人们对该差异赋予的意义又会进一步影响人们对群体的认知和对自我的归因，当然也包括性别刻板归因。当以上类化、比较和归因的过程发生在工作场所时，便产生了与性别身份认同有关的如下三个结果：（1）性别差异感知，对男女两性价值观、情感和行为方面的差异形成感知，包括极化的和刻板化的性别差异；（2）职业成功的性别评估，男性气质还是女性气质更容易跟组织对成功的要求对等；（3）自我性别认同，人们更愿意用男性气质还是女性气质来刻画自己。由此，性别身份认同是性别化

的组织情境对女性领导者职业成功预期和定位产生作用的重要中介机制，从而在性别化的组织情境对女性职业生涯成功的影响中发挥着中介作用，即使只是发挥暂时的中介作用。

女性性别身份认同的相关研究表明，组织高层管理者的性别结构会对整个公司女性的性别身份选择与认同产生重大影响。具体而言，与拥有较少女性高管的公司相比，拥有较多女性高管的公司中的女性更倾向于将女性性别身份视为积极因素；更容易将高层女性视为合法授权的角色模范；更能感知到与女性同事之间的合作而非竞争关系。由此可见，男性占优的组织环境将导致女性领导者的性别身份的选择与认同受限，一方面，组织高层领导中女性的低比例似乎给组织中的其他女性发出这样的信号，即作为女性是一种负债，女性必须在表现出竞争力和讨人喜欢之间做出选择；另一方面，这种信号也会阻止未来可能成为女性领导的女性转向当前的女性高管寻求有关职业发展的建议或帮助，从而渐渐造成组织高层中女性比例越来越低，使得女性职业生涯发展陷入恶性循环。

假设6：女性领导者的性别身份认同与职业成功呈正相关关系。

假设7：女性领导者的性别身份认同在性别化的组织情境与职业成功之间起中介作用。

综上所述，本章通过实证研究方法拟就性别化的组织情境——影响女性领导者职业成功的组织情境的内容和结构进行实证分析，编制相关问卷进行信效度检验，并且通过结构方程模型就性别化的组织情境与女性领导者的内部人身份认知、性别身份认同及其职业成功的关系进行研究，探讨性别化的组织情境对女性职业成功的具体作用机制。根据相关变量的关系，我们提出如图7-1所示的理论假设模型。

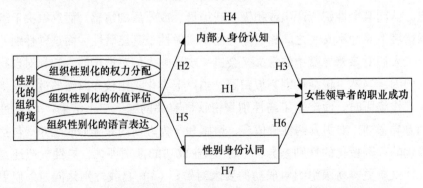

图7-1　组织情境影响女性领导者职业成功作用机制的理论模型

第二节　组织情境影响女性领导者职业成功作用机制的理论模型验证

一　研究样本与程序

本书采用便利抽样方式，向来自上海、北京、深圳、江苏、山西等地上海大众汽车、上海清雪市场调研有限公司、上海智联易才人才咨询有限公司、上海建科工程咨询有限公司、百事集团、上海伦杰信息技术有限公司、嘉善企业管理咨询（北京）有限责任公司、深圳音像出版社、江苏泰星减速机股份有限公司、江苏泰隆减速机股份有限公司、扬州时代广场实业有限公司、璐安集团、太航仪表厂、太原钢铁集团有限公司等20余家公司进行问卷调研，这些公司涉及制造业、服务业、建筑业、零售业。基于本书团队与调研企业之前所建立的良好关系，以上公司对于此项研究均十分重视和支持，并且通过各家公司的人力资源部门说明问卷填写事项后进行问卷收集。

为了避免同源方差，本书通过多种来源，对女性领导者本人及其直接上司进行配对研究数据的收集。本次问卷调查的样本由450名女性领导者及其直接上司构成，其中，除女性领导者本人填写问卷以外，同时还由该女性领导者的直属上级为其填写性别化的组织情境的量表。具体操作介绍如下：研究中的每一个女性领导者都会收到一个大信封，信封上都写好了研究人员的地址，贴好了邮票，里面装着两个小信封，每个小信封左下角分别写着"本人填写"和"上级填写"。在"上级填写"的信封中装的是与其所在单位有关的性别化的组织情境问卷，由被调研对象的直属上级配合完成，在"本人填写"信封中装的主要是该领导者本人的全套调查问卷，其中性别化的组织情境的各题项得分将结合双方填写的实际情况做简单平均处理。女性领导者及其上级填完后，将由女性领导者本人按照信封上的地址寄回。在回收430组有效问卷后进行废卷处理工作，将反应倾向过于明显、数据缺失过多的问卷剔除，最后得到有效问卷382组，问卷有效回收率为89%。

在382个有效样本中，据统计（如表7-3所示），年龄25岁以下的占4.5%，25岁至35岁的占83.7%，36岁至45岁的占9.5%，45岁以上的占 2.3%；拥有中专及以下学历的占 0.3%，拥有大专学历的占 3.6%，拥有本科学历的占 42.4%，拥有硕士及以上学历的占 53.7%；领导经历在 2 年以下的占 24.3%，3 年至 10 年的占 62.3%，11 年至 20 年的占 9.8%，20 年以上的占 3.6%；基层管理者占 27.2%，中层管理者占 62.5%，高层管理者占 10.3%；其中，已婚、已育的女性领导者分别有 332 人和 296 人，各自占总数的 86.9% 和 77.5%。

表 7 - 3　　　　　　　　　　调研样本的基本情况统计表

项目	属性	占比（%）	项目	属性	占比（%）
年龄	25 岁以下	4.5	职位等级	基层管理者	27.2
	25—35 岁	83.7		中层管理者	62.5
	36—45 岁	9.5		高层管理者	10.3
	45 岁以上	2.3	婚姻状况	已婚	86.9
受教育程度	中专及以下	0.3		未婚	11.2
	大专	3.6		其他	1.9
	本科	42.4	生育状况	未育	22.5
	硕士及以上学历	53.7		已育	77.5
领导经历	2 年以下	24.3			
	3—10 年	62.3			
	11—20 年	9.8			
	20 年以上	3.6			

二　研究变量的测量

本书采用《组织情境对女性领导者职业成功的影响问卷》进行调查，问卷的主体部分一共分为四个部分：第一部分是基本信息，第二部分考察影响女性领导者职业成功的组织情境因素，第三部分涉及内部人身份认知和性别身份认同这两个中介机制，第四部分则考察女性领导者职业生涯成功的情况。所有题项的测量均采用李克特 5 点量表，1 表示完全不符合，3 表示基本符合，5 表示完全符合，具体变量的测量介绍如下。

本书中性别化的组织情境的测量量表题项主要依据前面质性研究从访谈材料汇总提取出的影响女性领导者职业成功的组织情境因素的结构维

度，以及对性别化的组织情境的结构从而开发出的测量量表，一共包括36个题项。具体而言，性别化的组织情境具体包含三个子维度：性别化的组织权力分配、性别化的组织价值评估和性别化的组织语言表达，其中，性别化的组织权力分配的举例条目是"男性领导者比女性领导者更有可能获得职位晋升"、"男性领导者更容易融入高层领导者的圈子"、"单位最高管理层中没有或极少有女性"、"单位对女性生育和照顾家庭有完善的保护和关怀措施（反）"，性别化的组织价值评估的举例条目是"积极进取、作风强硬的女性领导者不受周围人的欢迎"、"单位中大多数人对女性领导者表示认可（反）"、"单位里个人工作业绩越好的领导者晋升、加薪的速度越快"、"女性领导者的成功往往是因为有好的机遇或贵人的帮助"，性别化的组织语言表达的举例条目是"女性领导者敏感、细心、温柔、待人接物常常为他人着想"、"组织对能够独当一面解决危机的领导者给予更多的认可和奖赏"、"单位认为自我推销的行为对组织有效性尤为重要"、"单位将领导者个人的即时产出视为工作业绩的重要构成"，量表的信效度分析详见研究结果部分。

内部人身份认知的测量采用的是 Stamper 和 Masterson（2002）发展的6个条目的量表，此量表已经被使用于中国情境下的实证研究，并显示出良好的信度（0.80），举例条目是"我感觉在我的组织中我是一个内部人"。对于性别身份认同本书采用6个项目对其进行测量，如（1）"我不觉得自己很男性化"、（2）"我很自豪自己有女人味"、（3）"如果有机会我更愿意帮助和提拔男性下属"、（4）"我更喜欢和我的女性同事相处，分享资源和信息"、（5）"我觉得如果没有和睦的家庭，事业成就再大也不算是个好女人（反）"、（6）"即使工作再忙我还是很牵挂我的家人，并会尽量腾出时间照顾他们（反）"等。其中，（1）、（2）两个项目反映的是性别特质表现，即"我是谁?"，测量的是基于男女两性行为特质方面的差异（无论是性别极化差异还是性别刻板差异）感知的自我归属；（3）、（4）两个项目反映的是性别情感认同，即"我喜欢谁?"，测量的是对同性或异性的情感反应；（5）、（6）两个项目反映的是性别角色认知，即"什么是好女人?"，测量的是人们对女性群体的评估以及对成功女性的要求，该量表的内部一致性为0.85。性别角色认同的测量参考Bailey（2000）发展的6个条目的量表，比如："我认为应该男主外、女主内"、"女性不应该在职场上打拼，而应将更多的精力放在家庭中"、

"女性追求事业成功，应该不以牺牲家庭幸福为前提"、"维护家庭幸福更多是女性而非男性的责任"、"我非常渴望事业上的成功"、"未来家庭对我时间和精力方面的要求，让我觉得很难分配很多的时间去追求事业上的成功"，我们选择其中代表性条目"女性追求事业成功，应该不以牺牲家庭幸福为前提"和"未来家庭对我时间和精力方面的要求，让我觉得很难分配很多的时间去追求事业上的成功"。

女性领导者职业成功采用自行开发的量表，涉及组织内职业竞争力、组织外职业竞争力、内心满足感、关系网络以及工作—家庭—自我平衡一共五个维度。其中，组织内职业竞争力的举例条目是"因为我的技能和经验，单位认为我能为其创造价值"，组织外职业竞争力的举例条目是"我很容易就能在别的单位找到类似的工作"，内心满足感的举例条目是"能从工作中得到满足感和成就感"，关系网络的举例条目是"单位中有很好的人际关系网络，他们总能给我以帮助"，工作—家庭—自我平衡的举例条目是"事业、家庭和个人生活都能达到一种平衡状态"，具体参考第一章女性领导者职业成功的量表开发和验证结果。

另外，对婚姻状况和生育状况做虚拟变量处理，未婚为"0"，已婚为"1"，未育为"0"，已育为"1"。年龄、领导经历、受教育程度、职位等级都已被证实对女性领导者的职业成功有一定影响，因此，本书将它们作为控制变量，其中，年龄划分为 25 岁以下、25—35 岁、36—45 岁以及 45 岁以上四个区间，领导经历划分为 2 年以下、3—10 年、11—20 年以及 20 年以上四个区间，受教育程度分别有大专以下、大专、本科、硕士及以上学历四种选择，职位等级分别有基层管理者、中层管理者以及高层管理者三种选择。

三 组织情境影响女性领导者职业成功作用机制的理论模型的验证结果

1. 各变量的描述性统计和相关性统计

本书所涉及的所有研究变量的描述性和相关性统计结果如表 7-4 所示。不难看出，性别化的组织情境的三个子维度性别化的组织权力分配、性别化的组织价值评估和性别化的组织语言表达三者之间的相关性并不显著，说明尽管彼此相互作用共同影响女性领导者的职业生涯发展，但是它们确实代表了性别化的组织情境的不同要素内容；女性领导者的职业成功与性别化的组织权力分配（r = −0. 29，p < 0. 01）、性别化的组织价值评估（r = −0. 25，p < 0. 01）以及性别化的组织语言表达（r = −0. 38，

表7-4　　描述性和相关性统计分析 (N=382)

	均值	标准差	1	2	3	4	5	6	7	8	9	10
1. 年龄	2.18	3.55	1									
2. 领导经历	2.35	1.07	0.03	1								
3. 受教育程度	3.21	2.98	0.02	0.04	1							
4. 职位等级	1.48	0.26	0.03	0.12*	0.18*	1						
5. 性别化的组织权力分配	3.67	0.90	-0.01	-0.17*	0.02	0.17*	1					
6. 性别化的组织价值评估	3.55	1.18	-0.02	-0.05	0.12*	0.04	0.05	1				
7. 性别化的组织语言表达	2.70	1.19	-0.03	-0.13*	0.07	0.08	0.09	0.08	1			
8. 内部人身份认知	3.84	0.48	0.03	0.25**	0.08	0.11*	0.42**	0.31**	0.35**	1		
9. 性别身份认同	3.85	0.39	0.01	0.00	0.02	0.26**	-0.19*	-0.40**	-0.29**	0.10	1	
10. 女性领导者职业成功	3.88	0.34	0.09	0.19**	0.03	0.11*	-0.29**	-0.25**	-0.38**	0.13*	0.15*	1

注: *表示. $p < 0.05$; **表示. $P < 0.01$。

p < 0.01）都显著负相关，与内部人身份认知（r = 0.13，p < 0.05）和性别身份认同（r = 0.15，p < 0.05）也都显著正相关；性别身份认同与性别化的组织权力分配（r = -0.19，p < 0.05）、性别化的组织价值评估（r = -0.40，p < 0.01）以及性别化的组织语言表达（r = -0.29，p < 0.01）均存在显著的负相关关系；内部人身份认知与性别化的组织权力分配（r = -0.42，p < 0.01）、性别化的组织价值评估（r = -0.31，p < 0.01）以及性别化的组织语言表达（r = -0.35，p < 0.01）也都存在显著的负相关关系；内部人身份认知与性别身份认同（r = 0.10，n.s.）尽管存在正相关关系，但其相关性并不显著。

2. 性别化的组织情境影响女性职业成功的具体机制

（1）整体机制

为了探讨性别化的组织情境影响女性职业成功的整体作用机制，根据性别化的组织情境、内部人身份认知、性别身份认同、女性领导者的职业成功诸变量的相互关系，我们对如图 7 - 1 所示的假设模型进行了结构方程模型检验，具体统计结果见图 7 - 2 和表 7 - 5。

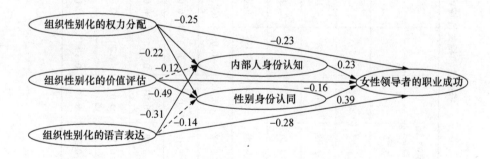

图 7 - 2　性别化的组织情境影响女性领导者职业成功的整体作用机制

模型拟合结果显示，除性别化的组织价值评估对女性领导者职业成功的预测作用不显著以外，性别化的组织情境中的其他变量对女性领导者职业成功的预测作用均显著，因此，假设 1 成立；除性别化的组织价值评估对内部人身份认知的预测作用不显著以外，性别化的组织情境中的其他变量对内部人身份认知的预测作用均显著，同时，内部人身份认知对女性领导者职业成功的预测作用也显著，因此，假设 2、3 成立；另外，除性别化的组织语言表达对性别身份认同的预测作用不显著以外，性别化的组织情境中的其他变量对性别身份认同的预测作用均达统计学意义上显著相关，同时，性别身份认同对女性领导者职业成功的预测作用也显著，因此，假设5、6也成立。

表 7－5　　　　　　　　　结构方程模型检验结果

模型	x^2/df	RMSEA	NFI	IFI	TL	CFI
模型 1（假设模型）	3.283	0.080	0.818	0.866	0.845	0.865
模型 2（实际模型）	2.788	0.071	0.866	0.910	0.893	0.909

　　由于假设模型中性别化的组织价值评估对女性领导者职业成功以及内部人身份认知的预测作用不显著，同时性别化的组织语言表达对性别身份认同的预测作用也不显著，因此，我们去掉此以上不显著的两条路径，即实际得到的性别化的组织情境影响女性领导者职业成功的整体机制模型，如图 7－3 所示。

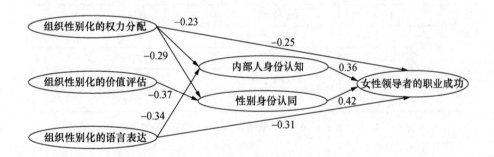

图 7－3　修正后的性别化的组织情境影响女性领导者职业成功的整体机制模型

（2）中介机制

　　为了检验内部人身份认知和性别身份认同的中介效应，本书遵循 Baron 和 Kenny（1986）提出的三步骤检验方法。

　　关于内部人身份认知对性别化的组织情境与女性领导者职业成功关系的中介作用，如表 7－6 所示，首先，性别化的组织情境对女性领导者职业成功（Beta = 0.163，p < 0.01，ΔF = 4.872，ΔR^2 = 0.031）具有显著的正相关关系，而假设 2 的验证表明性别化的组织情境与内部人身份认知具

有显著的正相关关系。在加入内部人身份认知后，性别化的组织情境的回归系数从0.163降低到0.084，且变得不再显著，且内部人身份认知的回归系数也能够满足 $p < 0.10$ 的水平，从而内部人身份认知在性别化的组织情境与女性领导者职业成功的关系中起到完全中介作用，假设4得到了验证。

表7-6　内部人身份认知对性别化的组织情境与女性领导者职业
成功关系中介作用的回归分析（N =382）

步骤	变量	女性领导者职业成功	
		性别化的组织情境	性别化的组织情境和内部人身份认知
1	年龄	0.033	0.03
	领导经历	0.073	0.081
	受教育程度	0.023	0.026
	职位等级	0.233**	0.23**
2	性别化的组织情境	0.163**	0.084
	内部人身份认知		0.134+
3	F	10.494**	10.641**
	ΔF	4.872**	7.353**
	R^2	0.173	0.175
	ΔR^2	0.031	0.034
	调整 R^2	0.153	0.165

注：+表示 $p < 0.10$；*表示 $p < 0.05$；**表示 $p < 0.01$；***表示 $p < 0.001$。

关于性别身份认同对性别化的组织情境与女性领导者职业成功关系的中介作用，如表7-7所示，首先，性别化的组织情境对女性领导者职业成功（Beta =0.238， $p < 0.01$， $\Delta F = 8.521$， $\Delta R^2 = 0.073$）具有显著的正相关关系，而假设5的验证表明性别化的组织情境与性别身份认同具有显著的正相关关系。在加入性别身份认同后，性别化的组织情境的回归系数从0.238降低到0.045，且变得不再显著，且性别身份认同的回归系数也具有显著性，从而性别身份认同在性别化的组织情境与女性领导者职业成功的关系中起到完全中介作用，假设7得到了验证。

表 7 - 7　　　　性别身份认同对性别化的组织情境与女性领导者职业
成功关系中介作用的回归分析（N = 382）

步骤	变量	女性领导者职业成功	
		性别化的组织情境	性别化的组织情境和内部人身份认知
1	年龄	0.125	0.054
	领导经历	0.185 **	0.041
	受教育程度	0.146	0.077
	职位等级	0.202 **	0.233 **
2	性别化的组织情境	0.238 **	0.045
3	性别身份认同		0.207 **
	F	8.645 **	8.714 **
	ΔF	8.521 **	10.053 **
	R^2	0.147	0.148
	ΔR^2	0.073	0.074
	调整 R^2	0.118	0.114

注：+ 表示 $p < 0.10$；* 表示 $p < 0.05$；** 表示 $p < 0.01$；*** 表示 $p < 0.001$。

本章小结

　　尽管致力于挖掘和培养女性领导者的组织及其管理者们，提出了一系列组织变革和干预措施，但其效果都微乎其微，均没能从根本上解决女性高端缺失的问题，究其原因很大程度上是因为缺乏对组织情境下女性职业生涯发展及成功内在机制的关注。本章从性别视角出发，探究性别化的组织情境对女性领导者职业成功的作用机制。

　　本书结果显示：（1）性别化的组织情境由性别化的组织权力分配、性别化的组织价值评估和性别化的组织语言表达这三个维度构成，且本书开发的性别化的组织情境问卷具有较好的信效度，可以作为今后性别视角下组织情境研究有效的测量工具；（2）性别化的组织情境与女性领导者的内部人身份认知、性别身份认同呈显著负相关关系；（3）女性领导者的内部人身份认知、性别身份认同与其职业成功呈显著正相关关系；（4）组织情境对女性领导者职业成功的影响存在较复杂和矛盾的心理反应，不是简单和单一的过程，该过程中内部人身份认知及性别身份认同作为组织或群体身份的两个典型代表，在组织情境对女性领导者职业成功的影响机制中起着重要的中介作用，即性别化的组织情境通过影响女性领导者的内部人身份认知及性别身份认同进而促进其实现职业生涯成功。以上研究结论一方面拓展了性别多元化背景下的雇佣关系理论研究框架；另一方面对组织如何深层次挖掘和培养女性高层次人才提供了实践指导。

第八章 驱动女性领导者职业成功的组织变革

尽管那些致力于挖掘和培养女性领导者的组织及其管理者们提出了一系列组织干预措施，比如建立高管层关系网，指导女性提高担任高层管理者的能力，在高管接班人竞聘中要求做到多元化以及通过提起诉讼惩戒首席高管选拔中的性别歧视行为等，然而，这些治疗方案总是治标不治本，并不能从根本上改变女性的边缘化地位；更严重的是，这还会将人们的注意力和资源引向一些次要的方面，而不是采取更能切中要害的组织变革。

第一节 组织情境下女性领导者职业成功的规律

一 性别化的组织情境的双重效应

性别化的组织权力分配、性别化的组织价值评估和性别化的组织语言表达共同构成了性别化的组织情境，性别化的组织情境不仅影响女性领导者的职业生涯成功，同时对整个组织的产出及其有效性也具有重要的意义和价值。

经过本书研究发现，作为组织生活不可缺少的一部分，组织特征并不是性别中立的，由"男性更适合管理角色"价值观主导的组织性别文化在过去的 30 年中没有发生根本性的改变。越来越多的学者认为，我们应该更加关注组织环境中与性别有关的社会实践，包括正式政策、规范、非正式的工作互动模式及其语言表达，诸如此类的组织实践都是反映和支持男性工作和生活经验的，从而成为男性维持自身权力和利益的有效工具。

本书在梳理后结构主义理论、组织中的性别概念界定这两部分基础文献的基础上，基于扎根理论，收集了来自深度访谈、焦点小组讨论和文档资料三角验证的数据资料，并严格遵守 Glaser 和 Strauss 的三级编码程序对以上资料进行了系统编码，最终识别出了影响女性领导者职业成功的组织情境因素及其结构，提出了女性领导者职业成功的组织情境影响因素模型。

首先，影响女性领导者职业成功的组织情境因素主要有三个，它们分别是性别化的组织权力分配、性别化的组织价值评估和性别化的组织语言表达，其中，性别化的组织权力分配是指组织资源、信息和机会在男女两性领导者之间的分配结构及相关安排，性别化的组织价值评估指的是组织对男女两性领导者性别刻板特质和行为的评估和感知，性别化的组织语言表达则强调工作场所人们对男女两性刻板形象的刻画与描述及其与组织成功模型之间的匹配程度。此时，需要注意的是，组织情境的三个类属性别化的组织权力分配、性别化的组织价值评估和性别化的组织语言表达并不是独立地对女性领导者的职业成功产生作用，相互之间还存在紧密的联系，三者之间通过相互作用从而作为一种整体对女性领导者实现职业生涯成功产生着影响。再者，组织情境的三个类属性别化的组织权力分配、性别化的组织价值评估和性别化的组织语言表达不仅影响女性领导者的职业生涯成功，同时对整个组织的产出及其有效性也具有重要的意义和价值，以此为一个真正性别平等的组织情境不仅对女性本身，而且对男性群体，甚至整个组织都是有益而无害的事情提供佐证。

二　组织性别差异的形成路径

性别化的组织权力分配、性别化的组织价值评估和性别化的组织语言表达是组织情境下男女两性领导者价值观、情感、行为等性别差异形成的三条关键路径。

尽管女性差异化的价值观、情感与行为渐渐得到了组织肯定与认可，但是女性仍然仅占公司高层中很小的比例，既然男性主导的组织文化与实践有利于组织高层乃至整个组织的利益，那么组织就失去了改变现状的动力。对组织性别研究脉络梳理后发现，随着人们对组织性别概念内涵理解的深入，组织情境下的性别研究分别基于如下的四种基本假设：假设 1：性别是源于生理的个体特性或个人属性；假设 2：性别过程多数发生在组织外部；假设 3：性别作用能从情境因素中分离出来；假设 4：性别作用嵌入在情境因素且难以从中分离出来。对现有组织性别研究假设及其理论框架梳理表明，越来越多的组织性别研究不仅尊重和认可男女两性的性别差异，更加意识到性别解释与其所在的情境因素很难区别开来，即性别的替代性因素也具有性别印迹的可能性。本书关注的焦点不是在性别差异本身，而是导致性别差异的社会过程和心理过程，尤其是组织文化与实践在人们性别差异主观经验与感知形成过程中的作用。

与此同时，本书将组织情境与组织中的性别差异相联系，对组织性别差异的形成与运作进行了系统剖析，我们认为组织中的性别差异主要源于组织评估、待遇和机会等组织情境性因素，并通过组织性别权力分配、性别评估和性别语言表达三种关键路径形成：其一，基于传统性别观念，组织仍然认同并支持"男主外，女主内"的家庭分工，从而将更多的工作权力、资源和机会分配给男性是组织情境下性别差异形成的关键路径之一；其二，将男性和女性完全基于性别刻板印象对男性和女性进行感知和评估，并对男性刻板特质和行为给予更高的评价是组织情境下性别差异形成的关键路径之二；其三，组织对工作能力的描述和刻画倾向于男性刻板的个体性，而对女性刻板的关系导向行为和人际交往能力的描述和刻画则缺乏组织语言是组织情境下性别差异形成的关键路径之三。至此，组织情境下男女两性分别代表了公共—私人二分法、男性特质—女性特质二分法、个体性—社群性二分法的两个不同的极端。因此，性别差异化资源、权力和机会等的结构性障碍是导致男女两性不平等的主要原因。

三　女性领导者职业成功的特征

在无边界职业生涯时代，女性领导者职业成功主要具有如下四方面的特征：特征一，女性领导者的职业成功（无论是组织内还是组织外的职业竞争力）具有灵活性和弹性；特征二，女性领导者追求工作意义、自我实现带来的内心满足感；特征三，女性领导者注重关系网络带来的与他人关联的感觉；特征四，女性领导者追求工作—家庭—自我平衡带来的生活完整性。

目前，对于女性领导者职业生涯成功的研究仍然存在诸如没有形成一致的女性领导者职业成功概念、缺乏管理学视角的思考、边缘化女性经验、没有充分体现女性参与组织实践带来的冲击等不足。基于此，本书构建女性领导者职业成功特征模型，在此基础上确定女性领导者职业成功的测量量表，并以此作为后续实证研究的依据。

通过对国内外女性领导者职业生涯成功相关文献的梳理后发现，女性领导者职业成功价值观远比传统的职业成功更为复杂，虽然到目前为止，还没有形成较为一致的界定，但是其本质特征已经逐渐显现出来：特征一，女性领导者职业生涯更适应无边界时代的特征，其职业成功偏好于灵活性和弹性；特征二，女性领导者职业成功强调自我实现和工作意义带来的内心满足感；特征三，女性倾向于从与他人"在一起"、关心并为他人提供福祉的角度来界定职业成功；特征四，女性追求的是生活的完整意义，其职业成功本身意味着工作—家庭—自我平衡。

为了构建女性领导者职业成功特征模型，笔者在以上文献梳理的基础上，通过小规模问卷调研、半结构化访谈以及参与性观察收集到了大量一手资料，以满足三角验证的资料来源需求，进而采用内容分析技术对以上收集到的文本资料进行了系统的主题编码。本书从女性领导者职业成功特征的内容及其结构的研究目标出发，在主观职业成功标准这个大前提下，将女性领导者职业成功特征分为外在特征和内在特征，用以取代客观标准和主观标准的表述，其中组织内职业竞争力、组织外职业竞争力属于外在特征，内心满足感、关系网络、工作—家庭—自我平衡属于内在特征，从而构建了女性领导者职业成功特征理论模型。

四　组织情境影响女性领导者职业成功的过程与机制

组织情境对女性领导者职业成功的影响存在较复杂和矛盾的心理反应，不是简单和单一的过程，该过程中内部人身份认知及性别身份认同作为组织或群体身份的两个典型代表，在组织情境对女性领导者职业成功的影响机制中起着重要的中介作用，即性别化的组织情境通过影响女性领导者的内部人身份认知及性别身份认同进而促进其实现职业生涯成功。

尽管组织环境对女性领导者职业生涯发展及成功的影响重要性得到了越来越多性别学者的重视，但是对于组织情境影响女性领导者职业成功的中介机制，即组织情境通过哪些中间环节对女性领导者职业成功产生影响缺乏系统的研究框架。

在组织情境对女性领导者职业成功影响的中介机制方面，本书认为女性领导者对于自己组织和性别群体身份的认知是其放弃还是发扬女性本质偏好特质及其行为决策的重要中间过程，从而女性以上身份或地位的识别及其塑造是组织激发或抑制女性领导者职业成功的重要中间环节。一方面，组织行为学研究领域，内部人—外部人二分法以及企业雇主如何创建员工的"内部人"（insider）或"外部人"（outsider）是学者们常用来讨论雇佣关系管理的研究主题，Stamper 和 Masterson（2002）提出了内部人身份认知（Perceived Insider Status，PIS）的概念，描述了员工在多大程度上认为自己是组织的内部人，也即员工在某一特定组织内能够感知到他或她"内团体成员"身份的程度；另一方面，社会认知学最新研究表明，个体对自我身份的确认和对所归属群体的认知以及所伴随的情感体验和行为模式进行整合构成了社会认同，性别身份认同（gender identity）是一个人的社会认同在性别群体中的表现，是男女两性对他们在男性或女性这一社会群体类别中的成员归属所赋予的意义，是人们的性别意义建构以及在工作场所的性别展示。

综合以上分析，本书以企业经营领域的女性领导者为对象，通过实证研究方法就影响女性领导者职业成功的组织情境因素——性别化的组织情境的内容和结构进行了实证分析，编制相关问卷并通过了信效度检验，并且通过引入内部人身份认知和性别身份认同这两个组织/群体身份概念，采用相关性分析和结构方程模型等多样统计方法就性别化的组织情境与女性领导者的职业成功的关系进行研究，探讨并验证组织情境影响女性领导者职业成功的具体机制。主要研究结论包括：（1）性别化的组织情境与女性领导者的内部人身份认知、性别身份认同呈显著负相关关系；（2）女性领导者的内部人身份认知、性别身份认同与其职业成功呈显著正相关关系；（3）组织情境对女性领导者职业成功的影响存在较复杂和矛盾的心理反应，不是简单和单一的过程，该过程中内部人身份认知及性别身份认同作为组织或群体身份的两个典型代表，在组织情境对女性领导者职业成功的影响机制中起着重要的中介作用，即性别化的组织情境通过影响女性领导者的内部人身份认知及性别身份认同进而促进其实现职业生涯成功。

第二节　驱动女性领导者职业成功的管理哲学审视

尽管很多研究在表面上不再过分依赖男性的职业理论，试图构建并验证女性领导者职业发展理论，但是仍然或多或少受到男性传统的工作和职业成功框架的渗透。通过对本书的研究结论、讨论和研究局限的系统梳理，笔者认为对如下四个管理哲学的重新审视将有助于驱动组织情境下女性领导者的职业成功。

一 为什么男女两性领导者的职业成功存在差异？

越来越多的研究表明，女性成功标准与现行的组织标准不一致，但是组织情境现行的职业成功标准需要符合组织整体的利益，而所谓组织利益是由组织中的高层决定的。如上所述，女性仅仅占公司高层中很小的比例，那么传统组织框架标准就成了维持强大的、占多数的男性手中权利和利益的有效工具。既然只有那些单纯献身于工作和职业的员工有利于组织高层和整体的利益，那么就失去了改变现状的动力；而女性需要在这样"不公平"的组织和社会环境下做出职业选择，并接受职业评价。

我们鼓励致力于探究组织性别差异的学者们从仅仅汇报是否存在显著性别差异的研究框架中走出来，尽管现有文献承认性别概念的社会嵌入属性，但是一个又一个与性别刻板观点一致的调查结果缺乏对为什么存在这种性别差异的关注，那么男女两性价值观、情感和行为方面的差异很容易便成了决定性的品质而被人们自我内化；在此基础上，开发更多的理论构念，拓展现有的组织性别系统，我们相信在研究性别差异时拥有理论构念的指导是很重要的，因为如果能够对与组织性别差异相关联的性别不平等问题给出合理化解释，任何一个理论构念的提出都很容易深入人心；在尊重组织性别差异性的前提下，进一步挖掘影响男女两性员工工作态度和行为的组织特征要素和结构，特别是应从研究组织对员工的"故意"支持或排斥，转向关注组织文化是否真正包容每一个员工，为构建性别友好的组织环境奠定理论基础。

二 谁在关注女性领导者的职业成功？

从我们的研究梳理中不难发现，现有研究（无论是定量研究还是质性研究）的研究对象多数是已经非常成功的女性领导、管理者或者专家，其中来自白人、中产阶级和高等教育背景的样本居多，她们或者来自公司高管，或者是高层领导，或者是 MBA 校友、学员。这种对待女性领导者职业成功的方式已经将样本的范围限定在所谓"精英女性"或者"成功女性"的范围，似乎我们是在从我们作者的视角出发来界定什么样的女性是成功的，女性领导者职业成功的标准是什么。需要我们注意的是，这部分样本仅仅代表的是职业女性中的一小部分，她们并不能代表多数女性的职业经验及其对职业成功的理解；更重要的是，这部分女性样本本身的职业成功标准产生于现有的男性模型和男性标准，之所以作为我们的研究对象是因为她们已经成为她们所选职业中的成功人士，而这种成功是基于客观的、男性传统的职业成功标准，比如较高的组织层级和高收入水平等。

本书为了突破这一研究对象范围的束缚，有意识地选择了来自不同职位等级的女性领导者，以充分体现不同职业生涯阶段女性的职业经历、经验及其对职业成功的理解。我们认为，占职业女性绝大多数的中低层女性研究数据缺失凸显了如下的问题，是谁真正关注女性领导者职业成功的标准和指标？未来的理论研究应该从作者自身经验出发还是基于女性自身的理解？这一问题的回答对女性领导者职业理论框架构建具有十分重要的意义。

三　谁决定女性领导者的职业成功？

所谓的女性领导者职业成功是完全基于女性内心的呼唤，还是源于与他人的比较？谁决定着女性的职业成功？对于这些问题的关注则将女性领导者职业成功标准的构建置于更为广阔的组织背景和社会环境中。重新审视当前的组织文化与实践，关注组织特征如何塑造男女两性差异，与强调社会化过程和社会性别角色作用的社会情境不同（Kazdin，2000），组织作为社会代理人，这一终端情境对人们在工作场所中的性别差异心理和行为的影响和干预更为直接，而这一情景是多数学者在呼吁情景因素关注中所忽视的重要因素。

未来性别多元化背景下的雇佣关系研究应探索管理层性别构成、雇佣性别偏好、职业性别隔离以及不经意间眷顾男性的非正式工作规范和工作场所互动等组织特征对男女两性员工工作结果的非对称性影响，从而构建系统的性别多元化背景下的雇佣关系研究模型；与此同时，未来的性别差异研究在保持关注个体层面因素的同时，还要更加关注组织特征，这样不仅能帮助男女两性释放其未被开发的潜能，还能更新组织过时的政策和实践，最终提升组织整体的健康指数和幸福指数。

四　怎样的职业成功才算女性领导者的职业成功？

在我们检查有关女性领导者职业经验的组织语言的时候就能够看出，组织职业成功模型在本质上仍然存在偏见。有的观念认为，女性常常自我放弃（opting out），有些认为女性将职业"驶出坡道"（off-ramps），甚至有观点认为女性缺乏职业抱负，这些都反映了组织框架是通向职业成功的唯一合法途径。事实上，很多成功的女性离开组织建立自己的公司，或者做个人咨询，或者继续深造，甚至改变其职业领域，从而重新平衡职业生活和个人生活之间的关系，她们找到了生活的意义并且自我满足，但是她们仍然被认为是不成功的，因为她们离开了组织框架。

本书发现的女性领导者职业成功的基本特征已经凸显了工作场所中人们所用的工作或职业成功模型的片面性，女性领导者不仅追求成就自我，还从关心并成就他人的角度界定职业成功；不仅如此，与他人建立并保持联系等一系列关系实践能给她们带来一种幸福感。未来的研究还需要对作为工作形式之一的关系实践进行内涵拓展和类别划分，从而使其成为一个重要的组织行为学研究对象，而不是想当然地认为是个体关系或过程的一种体现。比如研究发现，女性领导者的帮助行为是一个内涵很丰富的概念，至少从受访女性领导者中能识别出三种类型的帮助性的工作互动、询问的方式、教育的方式以及鼓励合作。对于女性，怎样的成功才算是职业成功？这一问题的回答对于挖掘女性领导者职业成功的组织语言，探索组织情境下女性领导者职业成功规律更具有深远的话语权意义。

第三节　驱动女性领导者职业成功的组织管理理念转变

研究表明，女性领导者职业成功的实现是一个十分复杂的过程，影响职业成功的因素不仅仅来自个体层面，而且外部的环境也会对职业成功的实现产生重要影响。因此，女性人才潜能的实现不仅需要自身竞争力的提升，而且需要社会政策的支持，以及个体在组织中获得更多的资源性的支持。

那些有意改变女性高端缺失现状的组织及其管理者们提出了一系列组织干预措施，比如建立高管层关系网，指导女性提高担任高层管理者的能力，在高管接班人竞聘中要求做到多元化以及通过提起诉讼惩戒首席高管选拔中的性别歧视行为等。这些措施并没有从根本上解决女性领导者被边缘化的问题。本书的研究结论表明，性别化的组织情境，即工作场所结构及其安排、组织性别价值观和文化，以及不经意间眷顾男性的组织行为和工作互动等组织实践对女性领导者职业生涯及职业成功的影响才是高层领导中女性缺失的深层原因。因此，笔者认为关注相关组织情境及其实践的转变（包括组织结构重组、组织规范重塑和组织文化变革）对解决女性高层次人才缺失的首要关键。

一　组织结构的调整

大量的实证研究仍然主要依靠男性传统的外在定义的职业成功，如收入、财富积累以及组织层级中的地位等，而女性自身对职业成功的理解可能很少与外在的、男性的、传统组织框架的标准产生关联（Kirchmeyer，1998 and 2002；Schneer and Reitman，1995）。因此，正如 Martins 等（2002）所指出的那样，组织在员工职业发展和支持问题上，必须抛弃一种"结构打天下"的心态。一方面，基于女性领导者职业成功强调自我实现和心理满足感（O'Leary，1997；Moore and Buttner，1997；Sullivan，1999），组织在进行工作设计和任务分配的过程中应该加强对挑战性、成就感、成长和发展以及工作意义等方面的关注；另一方面，既然认识到女性领导者职业生涯发展随其生命周期动态变化的规律（Mainiero and Sullivan，2005；O'Neil and Bilimoria，2008），组织就应该做出相应的结构调整，以适应女性领导者职业和生活领域整合发展的需要，比如，处于职业早期的女性需要具有挑战性的工作任务、导师和自我管理；处于职业中期的女性需要的是具有弹性的工作安排，需要组织调整工作结构从而为自己承担多重角色提供所需的帮助；职业后期的女性已经拥有很多知识和关系技能，这些都是很好的经验，可以用来指导组织中其他女性的职业成长，从而为组织发挥应有的作用。另外，对于组织中女性的关系实践（Fletcher，1998），组织应该给予一致的认可，不仅要认可女性为集体所做的贡献，也要认可她们的个人成就。近年来女性不断选择自己创业的趋势是组织结构需要调整的关键预警信号。组织的内部创新，即创业技能在组织内部的实践也许对于女性的职业成长至关重要（Hopkins and O'Neil，2007）。很多文献已经表明，女性会寻找各种可能的机会，通过创新、变革的方式开发自己的潜能，因此组织可以通过将多种职业路径和选择合法化的方式满足她们的需求。如果组织不为她们提供诸多弹性和挑战，这种女性离开所在组织开创自己事业的趋势还将继续。因此，未来的研究应该更多地在探索不同的组织结构与女性领导者职业成功的关系方面做出努力，例如探索并验证提供多种职业发展机会和路径的组织将拥有女性管理者更高的组织承诺，向女性提供在组织内部证明其创造力的机会的组织将拥有较低的女性离职率，能够识别并利用女性不同职业生涯阶段才能的组织将认为雇佣是女性长远的选择等命题。

二 组织规范的重塑

晋升机会和公平被认为是女性领导者职业生涯发展的关键影响因素。而正如我们前面回顾的那样，来自上级的支持对于女性获得组织内部晋升具有核心贡献（Morrison et al.，1992），而很多重要的信息往往都通过非正式接触传递，重要的影响也往往都通过非正式接触产生（Ibarra，1993），因此缺乏来自上级支持，缺乏进入组织非正式网络的渠道，对女性获得职业晋升机会仍是不小的挑战。通过研究组织对男性和女性的差别对待问题，我们发现不公平现象确实存在，比如女性获得的报酬比男性少（Schneer and Reitman，1995），女性拥有的挑战性工作安排也比男性少（Lyness and Thompson，2000）。在我们检查有关女性领导者职业成功的组织语言的时候就能够看出，组织职业成功模型在本质上仍然存在偏见，比如，有的观念认为女性常常自我放弃（opting out）（Belkin，2003），有些认为女性将职业"驶出坡道"（off‑ramps）（Hewlett and Luce，2005），甚至认为女性缺乏职业抱负（Fels，2004），这些都反映了组织规范是通向职业成功的唯一合法途径。事实上，很多成功的女性离开组织建立自己的公司，或者做个人咨询，或者继续深造，甚至改变其职业领域，从而重新平衡职业生活和个人生活之间的关系，她们找到了生活的意义并且自我满足，但是她们仍然被认为是不成功的，因为她们离开了组织框架和规范。另外，很多看似不涉及性别区分的组织规范，其实更有可能对女性的职业发展产生负面影响。比如，Judiesch 和 Lyness（1999）研究发现，员工不论男性还是女性，请育婴假都会受到组织的惩罚，然而其 523 名研究样本中有 476 名是女性，而男性仅有 47 名。类似的，Kirchmeyer（1998）虽然认为男性和女性都会受到职业中断的影响，但是女性所受到的影响更为显著。未来的研究有必要更好地探讨这些组织公平问题，并且为构建更多有利于女性领导者职业发展的组织规范提供理论指导，比如探索并验证系统地提供正式和非正式导师、社会网络支持的组织会将更多的女性纳入高层次人才培养计划；进行系统公平性评估的组织将能发现组织规范对不同性别员工的影响差异，从而能够及时做出调整，以便将这些规范的非预期不良后果最小化等命题。

三 组织文化的变革

从前面的研究共识我们可以看出，现代女性对工作性事务和非工作性事务都很重视，她们试图卷入工作和家庭双重角色，承担工作和家庭领域的双重责任，希望收获职业和生活领域的双重成功，从而找到生活的完整意义（Poole et al.，1991）。因此，要想挖掘女性的发展潜力，就需要在组织政策的制定和实施方面为她们的职业发展提供支持；相反，如果不能提供适当的资源和鼓励，那么女性人才的贬值和流失现状将难以得到改变（Marshall，1995）。需要强调的是，不同职业类型的女性对职业成功的理解也有所不同，比如，有序职业模式下女性通常用更为客观的指标（如收入、晋升和组织层级）来界定成功，而紧急职业模式下更倾向于用主观指标（如个人成长、专业发展和工作的意义）界定职业成功；拥有内部焦点者倾向于从心理成功和自我实现的方面来理解职业成功，外部焦点者会用组织和社会强加的各种客观的物质标准来界定职业成功（O'Neil等，2004）；不仅如此，每个女性在不同阶段对职业成功的理解也会发生变化，有研究指出，随着年龄和生活经验的增长，女性改变了对生活的理解，相比年轻女性，中年女性已经将更多的注意力放在个人与家庭以及各种关系的处理上，以保持多重角色的平衡（Hewlett，2002）。因此，女性领导者职业成功是一个复杂的多元化概念，其复杂、迥异的职业发展模式要求组织实践提供更多的弹性（Mattis，2004），从而更好地理解其生活经验，解决其职业生涯发展遇到的问题（Gordon and Whelan，1998）。组织针对女性承担多重角色和面临多种选择为她们提供包容性和支持性组织氛围，将能够大大提升女性员工的组织承诺水平和忠诚度。未来的研究应该更多地在挖掘不同的组织价值观和文化与女性领导者职业成功关系方面做出努力，比如探索并验证组织如果拥有积极支持工作—家庭福利政策的高层领导，则将收获女性管理者更高水平的组织承诺、公民行为和满意度；那些拥有管理支持和角色模范，以及生活友好型组织文化的组织将能够吸引并留住优秀的女性员工等命题。

由此，对于那些致力于组织变革的组织，如果不能同时并长期坚持做以下几方面的努力将不可能实现以上关系实践的激发和转化，从组织不同的层面将与性别二分法有关的组织结构、规范和实践暴露出来：首先，自我内在层面是否将其中某种来源的自尊和自我认同（比如，公共领域的成就）优先于其他自尊和自我认同之上；其次，团队层面的结构、奖励制度和管理实践是否支持性别化、公共—私人领域分割的工作承诺、工作能力、个人成就以及职业成功；再次，组织层面是否认为工作和家庭领域是两个相互独立的生活领域；最后，社会层面是否认为只有公共领域的实践能够创造社会价值。

第四节　驱动女性领导者职业成功
的组织实践变革

基于以上管理哲学审视和管理理念转变的分析，笔者认为对于有意改变女性高端缺失，驱动女性领导者职业成功的组织及其管理者可以从以下几方面着手进行组织变革。

一　承认组织情境并非性别中立

第一个组织变革在于识别和解构性别化的组织情境的过程中，不仅承认女性领导者职业生涯发展所处的组织情境并非性别中立的，即组织情境下性别概念背后所反映的一系列社会关系及其互动本身并非性别中立的，而且强调组织中的性别歧视已经从对女性的故意排斥转向了那些看似公平的日常工作惯例和文化准则，从而为组织中的性别研究提供了基于"第二代性别偏见"框架的理论支撑。

过去在企业中很容易识别性别歧视，例如，一位受人尊敬的女经理在面临晋升机会的时候可能会输给一位经验不如自己丰富的男同事，或者一位很有才干的女职员在休完产假回来后发现自己被降职了。但现在的企业很少有这种明显和公开化的歧视行为了，一方面，迫于法律规定和社会舆论的压力，另一方面，也由于公司越来越清楚将女性拒绝于管理层之外对自己是件得不偿失的事情（Catalyst，2007；Dezso，2008），但并不意味着男女不平等的现象就彻底消失了。正如 Scheins（2007）研究所指出的那样，由"男性更适合承担管理角色"价值观主导的组织性别文化在过去的 30 年中并没有发生根本性的改变。今天所存在的大部分性别歧视都是隐性的，以至于几乎无法识别，甚至那些受到歧视的女性也经常觉得很难找出是什么对她们造成了伤害。因此，越来越多的管理性别研究学者将关注点从组织对女性的故意排斥转向了那些看似公平的日常工作惯例和文化准则，并提出了"第二代性别偏见"（Ely，2000；Kolb，Deborah，2009；Ely，Ibarra，Kolb，2011）的概念。

"第二代性别偏见"研究告诉女性在获得职业成功的过程中，性别歧视是如何发挥微妙而具渗透性的作用，以致女性对它们的影响已经不那么敏感，比如，是否角色模范太少，是否组织实践没有将女性的生活经验考虑进去，还是在于女性次优的社会网络，抑或工作表现的压力过大；然后它能识别女性是如何将这些性别歧视进行内化，甚至帮助进行强化的过程，比如，在谈判过程中收回她们的拳头，以免看起来过于"爱出风头"；当处于十分显眼的地位时，过分依赖专业成熟度来证明自己的能力；举止行为故意表现出男性化从而凸显自己的领导形象等；更重要的是，它能启发女性针对以上种种隐性障碍，应采取何种措施抑制以上负面作用。

通过针对女性经验的组织环境诊断与干预，"第二代性别偏见"及其相关研究能帮助女性在职业生涯发展过程中恢复和保持应有的感觉，即告诉她们组织如何看待男女两性之间的差异化的价值观、情感和行为，自己是否能真正融入组织过程并发挥核心作用。如果缺乏这一理论框架的指导，女性将容易陷入传统的"性别刻板印象"之中，并以此来解释为什么她们作为一个群体没有受到和男性平等的待遇。如果女性成为高层管理者，那么她们只是一些特例；而那些没有晋升到组织高层的女性得到的反馈是她们"没有主动要求"（Babcock，2003），她们"太友善"（Frankel，2004），或者更简单"她们自己选择放弃"，即她们自身缺乏足够的进取性、侵略性以及对职业（工作）的承诺而造成的。诸如以上信息都建议女性，要想获得职业成功，需要学习游戏的规则，并相应地改变自己的行为准则，而这一建议事实上是对女性的严重误导，最终会导致对女性领导者职业成功的双重标准——如果女性主动要求会受到惩罚，理由是她们违反了传统性别规范（Bowles，2007）；同样，不够友善的女性会被排斥甚至解雇，因为她们不受周围人的欢迎（Heilman，Parks–Stamm，2004）；而"自己选择放弃"的女性事实上已经被工作场所歧视、缺乏弹性和支持排挤出去（Stone，2007；Williams，Manvell and Bronstein，2010）。

二　识别组织情境因素及其相互关系

第二个组织变革可以通过识别影响女性领导者职业成功的组织情境因素，理清影响女性领导者职业成功的各组织情境因素彼此间的相互作用，构建女性领导者职业成功的组织情境影响因素模型，为如何创建一个支持性的工作环境以实现组织情境下真正的性别平等提供了理论支撑。

为了帮助更多的女性领导者实现职业成功，在告诉她们应该知道什么以及应该怎么做之前，首先我们应该创建一个支持她们理解"她们是谁"并塑造"她们将成为谁"的组织环境，由此，如何创建一个支持性的组织环境成为理论研究需要为管理实践提供指导的重要问题。

鉴于组织内社会网络支持对女性领导者职业生涯成功的重要性，我们首先需要在组织内建立一个女性能体验认同感和归属感的群体——多数由女性构成的群体，同时包含占据组织高层职位的女性，还有来自中低层的女性。现实组织环境中，占据公司高层职位的女性比例很小，这样不仅不利于女性发挥其职业优势和特长，而且也不利于调和女性领导与组织内其他女性之间的关系，限制了她们和周围女同事相处的机会与时间（Ely，1994）；不仅如此，这种信号也将阻止未来可能成为女性领导的女性向现有的女性高管寻求有关职业发展的建议或帮助（Ibarra，1999），渐渐造成了公司高层中女性比例越来越少，从而陷入恶性循环。与此相反，在多数由女性构成的群体中，高层次女性作为社会比较和参考的对象，她们能成为中低层次女人学习和成长的导师（Higins and Kram，2001）；同时，群体中的女性能够为彼此提供认同、同情以及各种反馈意见，这样既能够提升女性开诚布公、承担风险的意愿，也不用担心自己被他人误解或随意审判（Ibarra，Petriglieri，2010）。简单来说，女性群体的创建能够为她们提供与其他女性尤其是高层女性彼此联系，并分享生活经验的机会，而如果此时的女性想要知道自己是谁以及发现自己想成为谁的话，这些人是唯一提供支持、证实和社会比较的对象。

其次，鉴于女性领导者职业生涯发展嵌入其广阔的生活背景中，她们不仅追求自我成功，同时注重工作—家庭平衡所带来的生活完整性，为此我们需要为女性特殊的职业价值观和发展需求赋予更多的组织话语权，从而使得女性领导者职业成长经历或经验不仅被她们自身所接纳，更重要的是具有组织合法性。事实上，创建工作关系网络、合作、赋权、团队合作和开发他人潜能已经成为示范性的管理行为（Fondas，1997），尽管这些组织行为原本就具有女性特征，但是它们从来就没有被公开认可为女性专属，反而由于组织话语权的缺乏，致使女性的种种关系实践所带来的利益和价值并没有得到组织的认可和奖赏。组织话语权的缺失往往导致以下两种情况：其一，组织中的性别歧视，尤其是不公开的、隐性的，可能令很多女性感到沮丧，甚至激起她们的强烈抵抗；其二，有远大抱负的女性为保证性别不会限制到自身的发展，她们很可能会否定性别歧视的存在，甚至主动为性别歧视承担责任。在以上两种情况中，女性唾手可得的语言表达成了她们克服职业成功双重困境的一种防御工具，它扭曲了人们对所面临挑战的评估，干扰了人们对问题的有效解决，也限制了人们不断学习和适应环境的能力。而创建支持性环境最重要的是能够帮助女性检查、识别并挑战这些防御工具的有效性，从而使得女性用来叙述"她们是谁"、"她们想成为谁"等职业成长经历或经验的语言表达更为切实可行。

三　剖析组织性别差异的形成与运作过程

第三个组织变革可以将性别化的组织情境与组织中的性别差异相联系，对组织性别差异的形成与运作进行了系统剖析，即认为组织性别化的机会分配、价值评估和语言表达等结构性障碍是导致男女两性领导者性别差异的主要原因。

在对世界顶级管理学和心理学杂志上的性别研究文章进行分析后发现，仅17%的文章将实证分析过程与组织过程联系起来，12%的文章将实证分析过程置于组织情境中。对管理学领域国内外性别研究文献梳理后发现，学者们似乎只是对男女两性领导风格、方式、能力、有效性等方面是否存在性别差异以及存在哪些性别差异很感兴趣，而不是挖掘为什么存在以上性别差异以及这些以上差异形成的内在机制置之不理，更重要的是忽视了组织特征这一重要情境因素对性别差异的作用，以致对"性别差异是如何在组织环境中形成并运作"至今还未给出清晰的回答。

我们认为组织中的性别差异主要源于组织评估、待遇和机会等组织情境性因素，并通过组织性别权力分配、性别评估和性别语言表达三种关键路径形成：其一，基于传统性别观念，组织仍然认同并支持"男主外，女主内"的家庭分工，从而将更多的工作权力、资源和机会分配给男性是组织情境下性别差异形成的关键路径之一；其二，将男性和女性完全基于性别刻板印象对男性和女性进行感知和评估，并对男性刻板特质和行为给予更高的评价是组织情境下性别差异形成的关键路径之二；其三，组织对工作能力的描述和刻画倾向于男性刻板的个体性，而对女性刻板的关系导向行为和人际交往能力的描述和刻画则缺乏组织语言是组织情境下性别差异形成的关键路径之三。至此，组织情境下男女两性分别代表了公共—私人二分法、男性特质—女性特质二分法、个体性—社群性二分法的两个不同的极端。

综上分析，性别差异本身并不是本书的焦点，我们的重点是要挖掘那些看似性别中立的组织情境因素如何导致这种性别差异，女性人才又是如何将组织情境中实现自身职业成功的同时，为组织发展做出贡献的。如果组织在为女性领导者提供支持性环境的同时，还能够包容女性差异化的价值观、情感和行为，便能够创建真正性别平等的组织情境，从而吸引并帮助更多的女性成为高层次人才。

四 关注女性领导者的职业成功

第四个组织变革与女性领导者职业成功的内涵、本质特征及其测量有关，本书摆脱以男性为主导的传统工作和职业成功框架的渗透，不仅为女性领导者的职业成功进行了正名，而且还指出了女性领导者差异化的工作行为、能力可能对组织所作出的贡献，因此，女性领导者的职业成功对男性领导者群体甚至整个组织产出和有效性都具有重要的价值和意义。

女性领导者职业生涯成功研究是多学科交叉研究的重要课题之一，国内外学者还分别对女性领导者职业生涯的阶段、路径、模式、影响因素和策略等进行了有意义的描述、探索和解释，为增进我们对女性领导者职业成功的理解提供了源自不同领域的研究成果。然而对于构建女性职业成功标准还存在诸如中低层研究数据的缺失、女性高层稀缺导致的组织不公平以及女性职业成功组织话语的缺失等研究和现实困境。

在组织环境与女性高层次人才成长关系的文献中，学者们总是将性别差异、性别不平、性别歧视联系甚至等同起来，往往将研究聚焦在被动地挖掘女性高层次人才成长的组织障碍和阻力方面，很少主动认识到女性高层次人才成长给组织管理带来的贡献，这限制了人们对性别本身的理解，也将女性陷入一直被质疑和自责当中。鼓励人们从女性主义视角的相互依赖、关系以及多面性角度探究组织现象对于如何提高组织产出及其有效性具有很重要的理论意义。以组织学习为例，如果用双面性的观点来看这个问题，那么通过引起人们对几乎不可见的持续教育这一任务的关注，使得大家对有助于提升组织学习的组织情境有了更加深入的理解。在将员工界定为持续学习者的同时也将其视为持续教育者能够启发人们对如下的管理问题进行深入思考：什么样的情景能够提升、鼓励和支持知识转移在物理边界间发生？什么样的情景将导致以上行为的消失？为了鼓励组织学习双方的关系互动行为现有组织的正式和非正式奖励制度需要做出什么样的改革？拓展现有的对社区实践、知识型员工以及交叉功能团队内部关系互动及其相关概念的研究很有可能得到关于提升组织学习的组织结构和系统变革的有用而激进的建议。

组织发展的趋势似乎表明，现有的组织环境已经很急切地接受这一特殊的挑战。在组织再造、组织重新设计和组织学习的名义下，组织时常被鼓励或警示从传统的科层结构转移想更具协作性的组织实体，从而培养一种新型的工作方式，而这种工作方式则与关系实践具有高度的一致性和相似性。员工在新型的"无边界"（Slater，1994）组织环境中其工作更具弹性，且更具团队导向，他们不仅是持续的学习者（Byham and Cox，1994），更加是情感型智力系统的思考者（Goleman，1995），他们不仅期待了解自己的工作结果，更渴望参与自己的工作过程设计，且对拥有自主发现问题、解决问题的权力表示很高的期望（Hammer and Champy，1993）。

五 促进女性领导者的身份建构

第五个组织变革与性别化的组织情境影响女性领导者职业成功的中介机制，即组织情境下女性领导者的身份建构有关。

通过内部人身份认知和性别身份认同中介机制的引入，我们深入了解了女性领导者是如何在工作场所实践和互动中回答"我是谁?"，"我从哪里来?"以及"我要到哪里去?"等问题的。研究结论表明，性别化的组织情境限制了女性领导者身份建构的自由，在男性占优的组织情境下，她们更倾向于感知到自己的组织"外部人"身份，更倾向于选择性别同化，更加认同男性身份、模范男性特质和行为，而放弃自己的女性身份、表现女性特质。

事实上，有些女性选择放弃构建职业网络或通过谈判争取自己的权利，理由是她们认为这样"不真实"或者这是"男性的行为"，她们偏好那些让自己感觉"更舒服"的策略，这样也能让她们作为女性"更自然"。传统的性别意识形态进一步通过灌输"有些行为本能地属于男性，它与女性的天性相悖"（Ridgeway，2009）这样的思想来强化人们的这一理解。此时，女性很容易将舒服的感觉误认为真实。也有一些女性反其道而行之，她们因为担心其他人会认为自己看起来不像领导的样子而尽量避免女性特征的外露，行为表现过于男性化。这些做法不仅没能成功给女性提供应对性别歧视的策略，反而造成女性过于关注自我形象以及他人对自己的看法，最终都会偏离职业发展的核心目标。

换个角度来看，我们应该意识到人们的组织/群体身份都是可塑的

（Ely and Meyerson，2010）。和学习其他复杂技能一样，领导者的有效性很少是由人的天分决定，而是需要不断练习的（Derue and Ashford，2010）。树立一个外在的领导形象只是实现个人职业目标的一种手段，而不是最终目标（Morriss，Ely and Frei，2011），我们需要帮助女性认识到追求真实性或者做真实的自己并不代表用自己觉得舒服或者熟悉的方式行事；同样不需要因为担心被视为无能而故意表现出男性化特征；更不需要教会女性由男性建立起来的游戏规则或者举止行为如何才能"最自然"、"最舒服"不同，我们应该给予女性领导者足够的自由选择空间，鼓励她们按照自己的核心价值观推进工作，这样才能找到工作或职业的真正意义和价值，成为"最真实"的自己，她们离实现职业成功也就更近了。

参考文献

［1］何建华：《组织环境对女性职业生涯发展的影响：基于保险业的实证研究》，《软科学》2007 年第 21 期第 5 卷。

［2］侯杰泰、成子娟、马什赫伯特：《验证性因子分析：问卷题数即小样本应用策略》，《心理学报》1999 年第 1 期。

［3］姜定宇、郑伯埙：《组织忠诚、组织承诺及组织公民行为》，载姜定宇、郑伯埙、郑弘岳编《组织行为研究在台湾：三十年回顾与展望》，桂冠图书出版社 2003 年版。

［4］康宛竹：《中国上市公司女性高层任职状况调查研究》，《女性研究论丛》2007 年第 4 期。

［5］李怀组：《管理研究方法》，西安交通大学出版社 2004 年版。

［6］梁巧转、忻依娅、任红军：《两性领导风格理论研究评述》，《女性研究论丛》2004 年第 5 期第 61 卷。

［7］廖泉文：《职业生涯发展的三、三、三理论》，《中国人力资源开发》2004 年第 9 期。

［8］刘伯红：《半边天要顶破"玻璃天花板"——中外女性参政的进展与对策》，《中国行政管理》2003 年第 213 期第 3 卷。

［9］罗双发：《我国劳动力市场性别歧视现状分析》，《社科纵横》2004 年第 19 期第 5 卷。

［10］曼纽尔·卡斯特：《认同的力量》，社会科学文献出版社 2003 年版。

［11］聂志毅：《女性领导者非权力性影响力的构建》，《领导科学》2010 年第 11 期。

［12］任颐、王峥：《女性参与高管团队对企业绩效的影响：基于中国民营企业的实证研究》，《南开管理评论》2010 年第 13 期第 5 卷。

［13］申明、姜利民、杨万强：《管理沟通》，企业管理出版社 1997 年版。

［14］斯蒂芬·P. 罗宾斯著，黄卫伟等译：《组织行为学》，中国人民大学

出版社 1997 年版。

[15] 佟新：《社会性别研究导论——两性不平等的社会机制分析》，北京大学出版社 2005 年版。

[16] 童兆颖：《女性领导力和柔性化管理》，《领导科学》2004 年第 20 期。

[17] 吴明隆：《问卷统计分析实务》，重庆大学出版社 2010 年版。

[18] 许艳丽、谭琳：《论性别化的时间配置与女性职业发展》，《中华女子学院学报》2002 年第 6 期。

[19] 许一：《基于影响力的柔性领导模型》，《外国经济与管理》2007 年第 11 期。

[20] 颜士梅、颜士之、张曼：《企业人力资源开发中性别歧视的表现形式——基于内容分析的访谈研究》，《管理世界》2008 年第 4 期。

[21] 杨国枢、文崇一、吴聪贤等：《社会及行为科学研究方法》，重庆大学出版社 2006 年版。

[22] 张丹丹：《市场化与性别工资差异研究》，《中国人口科学》2004 年第 1 期。

[23] 郑向敏、刘丹：《高校知识女性职业发展困境与出路——以福建省某高校为例》，《中华女子学院学报》2010 年第 2 期。

[24] 周文霞、孙健敏：《中国情境下职业成功观的内容与结构》，《中国人民大学学报》2010 年第 3 期。

[25] 周泽将、刘文慧、刘中燕：《女性高管对公司财务行为与公司价值的影响研究述评》，《外国经济与管理》2012 年第 34 期第 2 卷。

[26] 朱苏丽：《基于无边界职业生涯的人才成长与人才流动》，《武汉理工大学学报》（信息与管理工程版）2006 年第 9 期。

[27] Acker Joan, & Van Houten Den, "Differential Recruitment and Control: The Sex Structure of Organizations", *Administrative Science Quarterly*, Vol. 2, No. 6, 1974.

[28] Acker Joan, "Hierarchies, Jobs, Bodies: A Theory of Gendered organizations", *Gender & Society*, No. 4, 1990.

[29] Alison Sentance, & Jill Tough, Women in management: Compiled for the Cultural and Educational Section, British Embassy, and Beijing, China. The Institute of Management Foundation, 1997: 1 –40; the In-

stitute of Management Foundation. Management into the Millennium. London, 1994.

[30] Alkadry Majialamdari Gickland, "Unequal Pay: The Role of Gender", Public Administration Review, Vol. 6, No. 66, 2006.

[31] Alvesson Majialamdari Gickland, & Deetz Smith, Critical Theory and Post – Modernism Approaches to Organizational Studies. In Clegg S., Hardy C., & Nord W (Eds.), Handbook of Organization Studies, London: Sage, 1996.

[32] Alvesson Majialamdari Gickland, Billing Youglas David, Understanding Gender and Organizations, Thousand Oaks, CA, Sage, 1997.

[33] Arthur Michael B., "The Boundaryless Career: A New Perspective for Organizational Inquiry", Journal of Organizational Behavior, No. 15, 1994.

[34] Arthur Michael B., and Rousseau Denise, The Boundaryless Career: A New Employment Principle for a New Organizational Era, Oxford University Press, 1996.

[35] Ashforth Blake E, Mael Ferreiro, "Social Identity Theory and the Organization", Academy of Management Review, No. 14, 1989.

[36] Babcock Laura, & Laschever Son, Women don't Ask: Negotiation and the Gender Divide, Princeton, NJ: Princeton University Press, 2003.

[37] Badovick Gordon J., Beatty Sharon E. "The Midlife Transition of Professional Women with Children", Women in Management Review, Vol. 7, No. 17, 2002.

[38] Bagozzi Richard P., & Yi Yang, "On the Evaluation of Structural Equation Models", Journal of the Academic of Management Science, Vol. 1, No. 16, 1988.

[39] Bailey James Martha, Dunne Mark Peter, Martin Nicole Galdonado, "Genetic and Environmental Influences on Sexual Orientation and Its Correlates in an Australian Twin Sample", Journal of Personality and Social Psychology, No. 78, 2000.

[40] Baron Richard, Kenny David, "The Moderator – Mediator Variable Distinction in Social – Psychological Research", Journal of Personality and

Social Psychology, No. 51, 1986.

[41] Bateson M. C., Composing a Life, New York: Plume Books, 1990.

[42] Belkin Lathan, "The Opt – Out Revolution", New York Times Magazine, 26th October 2003.

[43] Betz Natacha, Women's Career Development, Denmark F. L., and Paludi M. A., *Psychology of Women*, *Westport*, CT: Greenwood Press, 1993: 627 – 679.

[44] Bob Tarrell, *Forecasting in Women in Management Review*, Pual Chapman Publishing, 1994.

[45] Bowles Hannah Riley, Babcock Linda, & Lai Lei, "Social Incentives for Gender Differences in the Propensity to Initiate Negotiations: Sometimes it does hurt to ask", Organizational Behavior and Human Decision Processes, No. 103, 2007.

[46] Braynion Pay, "Power and Leadership", *Journal of Health*, *Organization*, *and Management*, Vol. 6, No. 18, 2004.

[47] Burke Ronald J., "Are Families a Career Liability?" *Women in Management Review*, Vol. 5, No. 14, 1999.

[48] Burke Ronald. J., Career Development of Managerial Women, Burke R. J. and Nelson D. L., *Advancing Women's Careers*, Malden, MA: Blackwell Publishing, 2002.

[49] Byham Wiers Cheema, & Cox James, Heroz, New York: Harmony, 1994. Calas Marta, & Smircich Linda, From the women's Pointed View: Feminist Approaches to Organization Studies, In Clegg S., Hardy C., & Nord W. (Eds.), Handbook of Organization Studies, London: Sage, 1996.

[50] Cameron Jary, The competitive women, London Mercury Books, 1988: 160 – 170; Marilyn M., Birley S., Developing women managers: Current Issue and Good Practice, Edinburgh HMSO, 1994.

[51] Carless Sally A., "Gender Differences in Transformation Leadership: An Examination of Superior, Leader, and Subordinate Perspective", *Sex Roles*, No. 39, 1998.

[52] Catalyst, Facts about Working Women. http://www. catalystwomen.

org/files/tid/tidbits, 04 , 2007 - 4 - 25.

[53] Catalyst, Women in Business, http: //www. catalyst. org/publication/ 132/women - in - business, 2011 - 4 - 30.

[54] Catalyst, Women in Europe, http: //www. catalyst. org/publication/ 285/women - in - europe, 2011 - 4 - 30.

[55] Chen Zheng Xiong, & Aryee Samuel, "Delegation and Employee Work outcomes: An Examination of the Cultural Context of Mediating Processes in China", *The Academy of Management Journal*, Vol. 1, No. 50, 2007.

[56] Connell Raewyn. W. , Gender and Power: Society, the Person, and Sexual Politics, Stanford, CA: Stanford University Press, 1987.

[57] Cheryl Lam Handra, Ellis Joseph Benjamin, "Assessing The Current Validity of the Bem Sex - Role Inventory", *Sex Roles*, No. 39, 1998.

[58] Chodorow Nadoslav, The Reproduction of Mothering, Berkeley. CA: University of California Press, 1978.

[59] Clegg Stewart R. , Framework of Power, Newbury Park, CA: Sage, 1989.

[60] Collinson David, Strategies of resistance: Power, Knowledge and subjectivity in the workplace, In Jermier J. M. , Knights D, & Nord W (Eds.), Resistance power in organizations, London: Routledge, 1994.

[61] Constantinple Amrane, "Masculinity - Femininity: An Exceptional to the Famous Dictum? " *Psychology Bulletin*, No. 80, 1973.

[62] Crant J. Michael, "Proactive behavior in organizations", *Journal of Management*, Vol. 3, No. 26, 2000.

[63] Deaux Kay, & Stewart L. Adelson, Framing Gender Identity, Unger R. Handbook of the Psychology of Women and Gender, New York: Wiley, 2001.

[64] Dennis McCarty Runz, Kunkel Aisha Kudura, "Perceptions of Men, Women, and CEOs: The Effects of Gender Identity" . *Social Behavior and Personality: An International Journal*, Vol. 2, No. 32, 2004.

[65] Derue D. Scott, & Ashford Susan J. , "Power to the People: Where has Personal Agency gone in Leadership Development?" *Industrial and Or-*

ganizational Psychology, No. 3, 2010.

[66] Diamond Ilandy, & Quinby Laura, Feminism & Foucault. Boston: Northeastern University Press, 1989.

[67] Drew Ellan, and Murtagh E Mirgitta, "Work/Life Balance: Senior Management Champions or Laggards?" *Women in Management Review*, Vol. 4, No. 20, 2005.

[68] Eagly Alixw H., Karau Steven J., "Gender and the Effectiveness of Leaders: A Meta – Analysis", *Psychological Bulletin*, No. 117, 1995.

[69] Eagly Alixw H., Should Psychologists Study Sex Differences? On Comparing Women and Men, Anselmi D' Auria, Law Leung. Questions of Gender: Perspectives and Paradoxes, New York: McGraw – Hill, 1998.

[70] Eagly Alixw H., Johannesen – Schmidt M. C., and Engen M. L., "Transformational, Transactional, and Laissez – Faire Leadership Styles: a Meta – analysis Comparing Women and Men", *Psychological Bulletin*, No. 129, 2003.

[71] Eby Lilian T., Butts Marcus, Lockwood Angie, "Predictors of Success in the Era of Boundaryless Careers", *Journal of Organizational Behavior*, Vol. 5, No. 24, 2003.

[72] Eisenhardt K. M., "Building Theories from Case – Study Research", *Academy of Management Review*, Vol. 4, No. 14, 1989.

[73] Ely Robin J., Meyerson Debra E, "Theories of Gender: A New Approach to Organizational Analysis and Change", *Research in Organizational Behavior*, No. 22, 2000.

[74] Ely Robin J., "The Power in Demography: Women' s Social Constructions of Gender Identity at Work", *Academic of Management Journal*, Vol. 3, No. 38, 1995.

[75] Ely Robin J., "The Effects of Organizational Demographics and Social Identity on Relationships among Professional Women", *Administrative Science Quarterly*, No. 39, 1994.

[76] Ely Robin J., and Padavic Irene, "A Feminist Analysis of Organizational Research on Sex Differences", *Academy of Management Review*, Vol. 4, No. 32, 2007.

[77] Ely Robin J. , & Meyerson Debra E. , "An Organizational Approach to Undoing Gender: The Unlikely Case of Offshore Oil Platforms", *Research in Organizational Behavior*, No. 30, 2010.

[78] Ely Robin J. , Ibarra Herminia, & Kolb Deborah, "Taking Gender into Account: Theory and Design for Women's Leadership Development Programs", *Academy of Management Learning & Education*, Vol. 3, No. 10, 2011.

[79] Epstein Cynthia Fuchs, Olivares Federica, "Ways Men and Women Lead", *Harvard Business Review*, Vol. 1, No. 69, 1991.

[80] England Paula, "Wage appreciation and depreciation: A Test of Neoclassical Economic Explanations of Occupational Sex Segregation", *Social Forces*, No. 62, 1984.

[81] Ewick Patricia, & Silbey Susan, "Subversive Stories and Hegemonic Talks: Towards a Socilolgy of Narrative", *Law & Society Review*, Vol. 2, No. 29, 1995.

[82] Fagenson – Eland Ellen A. , and Baugh Gayle, Career Paths, *Networking, and Mentoring*, *Smith* D. Women at Work: Leadership for the Next Century, New Jersey: Prentice Hall Press, 2000.

[83] Fairclough Nordon, Language and Power, New York: Longman, 1989.

[84] Fels Anna, Do Women Lack Ambition? Harvard Business Review. Harvard Business School Publishing Corporation, Boston, MA, 2004.

[85] Fishman Pohen, "Interaction: The Work Woman Do", *Social Problems*, No. 25, 1978.

[86] Fletcher Joyce K. , & Bailyn Lotte, Challenging the last boundary, In Arthur M. , & Rousseau D. (Eds.), The Boundaryless Career, Oxford, UK: Oxford University Press, 1996.

[87] Fletcher Joyce K. , "Relational Practice: A Feminist Reconstruction of Work", Journal of Management Inquiry, No. 7, 1998.

[88] Fletcher Joyce K. , Disappearing Acts: Gender, Power, and Relational Practice at Work, Cambridge, MA: MIT Press, 1999.

[89] Fondas Nanette, "Feminization Unveiled: Management Qualities in Contemporary Writings", *Academy of Management Review*, Vol. 1,

No. 22, 1997.

[90] Fornell Claes, & Larcker David F., "Evaluing Structural Equation Models with Unobservable Variables and Measurement Error", *Journal of Management Research*, Vol. 1, No. 18, 1981.

[91] Franke George R., Crown Deborah F., and Spake Deborah F., "Gender Differences in Ethical Perceptions of Business Practices: A Social Role Theory Perspective", *Journal of Applied Psychology*, No. 82, 1997.

[92] Gersick Connie J., and Kram Kathy E., "High Achieving Women at Midlife: An Exploratory Study", *Journal of Management Inquiry*, Vol. 2, No. 11, 2002.

[93] Gilligan Caniel, *In a Different Voice*, Cambridge, MA: Harvard University Press, 1982.

[94] Glaser Barney G., Strauss Anselm L., *The Discovery of Grounded Theory: Strategies for Qualitative Research*, Chicago: Aldine Publishing Company, 1967.

[95] Goleman Daniel, *Emotional intelligence*, New York: Bantam Books, 1995.

[96] Gordon Judith R., and Whelan Karen S., "Successful Professional Women in Midlife: How Organizations Can More Effectively Understand and Respond to the Challenges", *The Academy of Management Executive*, Vol. 1, No. 12, 1998.

[97] Graves, Laura M., Ruderman Marian N., Ohlott Patricia J., and Weber, Todd J., "Benefits of Multiple Roles for Managerial Women", *The Academy of Management Journal*, Vol. 2, No. 45, 2002.

[98] Greenhaus Jeffrey H., Parasuraman *Saroj*, Wormley W. M., "Effects of Race on Organizational Experiences, Job performance Evaluations, and Career Outcomes", Academy of Management Journal, Vol. 1, No. 33, 1990.

[99] Groot Wim, & Henriette Maassen Van Den, "Glass Ceiling or Dead Ends: Job Promotion of Men and Women Compared", Economics Letters, No. 53, 1996.

[100] Hall Douglas T., and Mirvis Philip H., "The New Career Contract:

Developing the Whole Person at Midlife and Beyond", *Journal of Vocational Behavior*, Vol. 3, No. 47, 1995.

[101] Hall Douglas T. , "The Protean Career: A Quarter Century Journey", *Journal of Vocational Behavior*, Vol. 1, No. 65, 2004.

[102] Hamilton Eleanor, Gordon Ian, and Jack, Sarah, "Understanding the Work – Life Conflict of Never Married Women Without Children", *Women in Management Review*, Vol. 5, No. 21, 2006.

[103] Hammer Michael, & Champy James, *Reengineering the corporation*, New York: Harper Business, 1993.

[104] Hammersley Martyn, The Dilemma of Qualitative Method: Herbert Blumer and the Chicago Tradition, London: Routledge, 1989.

[105] Heilman Madeline E. , & Corinne A. Moss – Racusin, Gender Stereotypes in the Workplace: Obstacles to Women's Career Progress, Correll S J. Social psychology of gender: Advances in group processes, Greenwich, CT: JAI Press, 2004.

[106] Helfat Constance E. , Harris Dawn, and Wolfson Paul J. , "The Pipeline to the Top: Women and Men in the Top Executive Ranks of U. S. Corporations", *Academy of Management Perspectives*, Vol. 4, No. 20, 2006.

[107] Helgesen Smith, The female advantage, New York: Doubleday, 1990.

[108] Hewlett Sylvia Ann, "Executive Women and the Myth of Having it All", *Harvard Business Review*, Vol. 4, No. 80, 2002.

[109] Hewlett Sylvia Ann, and Luce Carolyn Buck, "Off – Ramps and On – Ramps: Keeping Talented Women on the Road to Success", *Harvard Business Review*, Vol. 3, No. 83, 2005.

[110] Higgins M. Cornwell, & Kram Etaoin Kent, "Reconceptualizing mentoring at work: A developmental network perspective", *Academy of Management Review*, No. 26, 2001.

[111] House Robert, Rousseau Denise M. , Thomas – Hunt Melissa, "Meso: An integration of macro and micro OB", *Research in Organizational Behavior*, 1995.

[112] Huang Qinghai, and Sverke Magnus, "Women's Occupational Career

Patterns over 27 Years: Relations to Family of Origin, Life Careers, and Wellness", *Journal of Vocational Behavior*, No. 70, 2007.

[113] Hui Wang, Law Kenneth S., Hackett Rick D., Duanxu Wang, Zhen Xiong Chen, "Leader – member Exchange as a Mediator of the Relationship Between Transformational Leadership and Followers' Performance and Organizational Citizenship Behavior", *The Academy of Management Journal*, Vol. 3, No. 48, 2005, 48 (3): 420 –432.

[114] Hurley Amy E., and Sonnenfeld Jeffrey A., "A Study of the Tournament Model with Female Managers", *Women in Management Review*, Vol. 3, No. 12, 1997.

[115] Hymowitz Carol, and Schellhardt Timothy D., "The glass ceiling", The Wall Street Journal, Special Report on the Corporate Woman, 1984.

[116] Ibarra Herminia, "Personal Networks of Women and Minorities in Management: A Conceptual Framework", *Academy of Management Review*, Vol. 1, No. 18, 1993.

[117] Ibarra Herminia, "Provisional selves: Experimenting with image and identity in professional adaptation", *Administrative Science Quarterly*, No. 44, 1999.

[118] Ibarra Herminia, & Petriglieri Jennifer L., "Identity Work and Play", *Journal of Organizational Change Management*, No. 23, 2010.

[119] Jacobson Sarah Williams, & Jacques Roy, "Destabilizing the field", *Journal of Management Inquiry*, Vol. 1, No. 6, 1997.

[120] Jacques Roy, Representing the Knowledge Worker: A poststructuralist Analysis of The new Employed Professional, University of Massachusetts at Amherst, 1992.

[121] Janel Martinez, The competive woman, London Mercury Books, 1988.

[122] Johansson Marjana, Constructing the Responsible Worker: Changing Structure, Changing Selves, Paper presented at the Academy of Management Meeting, Vancouver, British Columbia, Canada, 1995.

[123] Johnson J. E. V., & Powell P. L., "Decsion Making, Risk and Gender: Are Managers Different?" *British Journal of Management*, Vol. 2, No. 52, 1994.

[124] Judge Timothy A. , Higgins Chad A. , "The Big Five Personality Traits, General Mental Ability, and Career Success across the Life Span", *Personnel Psychology*, No. 52, 1999.

[125] Judiesch Michael K. , and Lyness Karen S, "Left Behind? The Impact of Leaves of Absence on Manages' Career Success", *Academy of Management Journal*, Vol. 6, No. 42, 1999.

[126] Kanter Rosabeth Moss, *Men and Women of the Corporation*, New York: Basic Books, 1977.

[127] Kazdin Alan E. , *Encyclopedia of Psychology*, New York: Oxford University Press, 2000.

[128] Kirchmeyer Catherine, "Determinants of Managerial Career Success: Evidence and Explanation of Male/Female Differences", *Journal of Management*, Vol. 6, No. 24, 1998.

[129] Kirchmeyer Catherine, "Gender Differences in Managerial Careers: Yesterday, Today, and Tomorrow", *Journal of Business Ethics*, Vol. 1, No. 37, 2002.

[130] Kolb Deborah M. , & McGinn Kathleen L. , "From Gender and Negotiation to Gendered Negotiation", *Negotiation and Conflict Management Research*, No. 2, 2009.

[131] Konrad Alison M. , Kashlak Roger, Yoshioka Izumi, Waryszak Robert, Toren Nina, "A Cross – national Cross – Gender Study of Managerial Task Preferences and Evaluation of Work Characteristics", *Women in Management Review*, No. 6, 1997.

[132] Lefkowitz Joel, "Sex – Related Differences in Job Attitudes and Dispositional Variables: Now You See Them", *Academy of Management Journal*, No. 37, 1994.

[133] Lyness Karen S. , and Thompson Donna E. , "Climbing the Corporate Ladder: Do Female and Male Executives Follow the Same Route?" *Journal of Applied Psychology*, Vol. 1, No. 85, 2000.

[134] Mainiero Lisa A. "Getting Anointed for Advancement: The Case of Executive Women", *The Academy of Management Executive*, Vol. 2, No. 8, 1994, 8 (2).

[135] Mainiero Lisa A. , and Sullivan Sherry E. , "Kaleidoscope Careers: An Alternate Explanation for the Opt – Out Revolution", *The Academy of Management Executive*, Vol. 1, No. 19, 2005.

[136] Marloes L. van Engen, Rein van der Leeden, and Tineke M Willemsen, "Gender, Context and Leadership Style: A Field Study", *Journal of Occupational and Organizational Psychology*, Vol. 2, No. 72, 2001.

[137] Martin Joanne, "Deconstructing Organizational Taboo: The Suppression of Gender Conflict in Organizations", *Organizational Science*, No. 1, 1990.

[138] Martin Joanne, "The organization of exclusion: Institutionalization of Sex inequality, Gendered Faculty Jobs and Gendered Knowledge in Organizational Theory and Research", *Organization*, No. 1, 1994.

[139] Martin Joanne, Meyerson Debra E, Women and Power: Conformity, Resistance, and Dis – Organized Coactions , In R. Kramer, & M. Neale (Eds.), Power, politics, and influence, Newbury Park, CA: Sage Publications, 1998: 311 – 348.

[140] Martins Luis L. , Eddleston Kimberly A. , and Veiga John F. , "Moderators of the Relationship between Work – Family Conflict and Career Satisfaction", *Academy of Management Journal*, Vol. 2, No. 45, 2002.

[141] Mattis Mary C. , "Women Entrepreneurs: Out from Under the Glass Ceiling", *Women in Management Review*, Vol. 3, No. 19, 2004.

[142] McClelland David, Power, *The Inner Experience*. New York: Irvington, 1979.

[143] McDonald Paula, Brown Kerry, Bradley Lisa, "Have Traditional Career Paths Given Way to Protean Ones?" *Career Development International*, Vol. 2, No. 10, 2005.

[144] McNay Lan, *Foucault and feminism: Power, Gender and the Self*, Oxford, UK: Blackwell Press, 1992.

[145] Meyerson Debra E, Kolb Deborah M. , "Moving out of the " armchair "Developing a Framework to Bridge the Gap between Feminist Theory and Practice", *Organization*, No. 7, 2000.

[146] Melamed Tuvia, "Career Success: The Moderating Effect of Gender", *Journal of Vocational Behavior*, No. 47, 1995.

[147] Miller James B., *Toward a New Psychology of Women*, Boston: Beacon Press, 1976.

[148] Miller James B., *Toward a New Psychology of Women* (Second edition), Boston: Beacon Press, 1987.

[149] Miller James B., *Connections, Disconnections and Violations*, Wellesley, MA: Wellesley College, 1988.

[150] Miller James B., The Development of Women's Sense of Self, In J. Jordan, A. Kaplan, J. B. Miller, I. Stiver and J. Surrey (Eds.). Women's *Growth in Connection*, Guilford Press. New York, 1991.

[151] Miller James B., and Stiver I. P., *The Healing Connection*, Boston: Beacon Press, 1997.

[152] Moore Dorothy P. and Buttner E. Holly, *Women Entrepreneurs: Moving Beyond the Glass Ceiling*, Thousand Oaks, CA: Sage Press, 1997.

[153] Mor Barak Michálle E, Cherin David A., "Organizational and Personal Dimensions in Diversity Climate: Ethnic and Gender Differences in Employee Perceptions", *Journal of Applied Behavioral Sciences*, Vol. 1, No. 34, 1998.

[154] Wind Leslie H., Findler Liora and Mor Barak Michálle E., "Cross – cultural Aspects of Diversity and Well – being in the Workplace: An International Perspective", *Journal of Social Work Research and Evaluation*, Vol. 27, No. 4, 2003.

[155] Morriss Anne, Ely Robin J., & Frei Frances X., "Stop Holding Yourself back: Five Ways People Unwittingly Sabotage their Rise to Leadership", *Harvard Business Review*, No. 89, 2011.

[156] Mumby Dennis K., *Communication and Power in Organizations: Discourse, Ideology and Domination*, Norwood, NJ: Ablex, 1988.

[157] O'Neil Deborah A., Hopkins Margaret M., Bilimoria, Diana, "Women's Careers at the Start of the 21st Century: Patterns and paradoxes", *Journal of Business Ethics*, Vol. 4, No. 80, 2008.

[158] Oakley Judith G, "Gender – Based Barriers to Senior Management Posi-

tions: Understanding the Scarcity of Female CEOs", *Journal of Business Ethics*, No. 27, 20004.

[159] O' Leary Virginia, "Developing a New Mindset: The Career Ambitious Individual", *Women in Management Review*, Vol. 3, No. 12, 1997.

[160] O' Neil Deborah A., Bilimoria, Diana and Saatcioglu Argun, "Women's Career Types: Attributions of Satisfaction with Career Success", *Career Development International*, Vol. 5, No. 19, 2004.

[161] Parker Victoria A., *Relational Work in Organizational Contexts*, Boston University. Boston, 1997.

[162] Podolny Joel M., & Baron James N., "Resources and relationships: Social Networks and Mobility in the Workplace", *American Sociological Review*, No. 62, 1997.

[163] Poole Millicent E., Langan – Fox Janice, and Omodei Mary, "Contextualist Model of Professional Attainment: Results of a Longitudinal Study of Career Paths of Men and Women", *The Counseling Psychologist*, Vol. 4, No. 19, 1991.

[164] Powell Gary N., and Mainiero Lisa A., "Cross – Currents in the River of Time: Conceptualizing the Complexities of Women's Careers", *Journal of Management*, Vol. 2, No. 18, 1992.

[165] Pringle Judith K., and Dixon Kathi McCulloch, "Re – Incarnating Life in the Careers of Women", *Career Development International*, Vol. 6, No. 8, 2003.

[166] Ragins Belle Rose, Townsend Bickley, and Mattis Mary, "Gender Gap in the Executive Suite: CEOs and Female Executives Report on Breaking the Glass Ceiling", *The Academy of Management Executive*, Vol. 1, No. 12, 1998.

[167] Rajvinder Kandola, & Johanna Fullerton, *Managing the Mosaic: Diversity in action*, Institute of Personnel and Development, London, 1994: 34 – 56.

[168] Reinharz Shulamit, *Feminist Methods in Social Research*, New York: Oxford University Press, 1992.

[169] Richie Beth Sperber, Fassinger Ruth E., "Persistence, Connection

and Passion: A Qualitative Study of the Career Development of Highly Achieving African – American – Black and White Women", *Journal of Counseling Psychology*, Vol. 2, No. 44, 1997.

[170] Rhoades Shanock, Linda, Eisenberger Robert, "Perceived Organizational Support: A Review of the Literature", *Journal of Applied Psychology*, Vol. 4, No. 87, 2002.

[171] Ridgeway Cecilia L., *Gender, Status, and the Social Psychology of Expectations*, In: England P. (Eds.), Theory on Gender/feminism on Theory, New York: Aldine, 1993.

[172] Ridgeway Cecilia L., Smith – Lovin, Lynn, "Limiting Inequality Through Interaction: The End (s) of Gender", *Contemporary Sociology*, No. 29, 2000.

[173] Ridgeway Cecilia L., "Gender, Status and Leadership", *Journal of Social Issues*, Vol. 4, No. 57, 2001.

[174] Ridgeway Cecilia L., "Framed before We Know it: How Gender Shapes Social Relations", *Gender and Society*, No. 23, 2009.

[175] Robert House H., Ram Aditya N., "The Social Scientific Study of Leadership: Quo Vadis?", *Journal of Management*, Vol. 3, No. 23, 1997.

[176] Rothbard Nancy P., "Enriching or Depleting? The Dynamics of Engagement in Work and Family Roles", *Administrative Science Quarterly*, No. 46, 2001.

[177] Samia Chreim, Bernie Williams, Bob Hinings, C. R., "Interlevel Influences on the Reconstruction of Professional Role Identity", Academy of Management Journal, No. 50, 2007.

[178] Schneer Joy A., and Reitman Frieda, "Managerial Life without a Wife: Family Structure and Managerial Career Success", *Journal of Business Ethics*, No. 37, 2002.

[179] Schneer Joy A. & Reitman Frieda, "Impact of Gender as Managerial Careers Unfold", *Journal of Vocational Behavior*, No. 47, 1995.

[180] Schwartz Felice N., "Women as a Business Imperative", *Harvard Business Review*, Vol. 2, No. 70, 1992.

[181] Seibert SCOTT E. , Kraimer MARIA L. , "The Five – Factor Model of Personality and Career Success", *Journal of Vocational Behavior*, No. 58, 2001.

[182] Sellers Robert M. , Smith Mia A. , Shelton J Nicole, Rowley Stephanie A. J. , Chavous Tabbye M. , "The Multidimensional Model of Racial Identity: A Reconceptualization of African American Racial Identity", *Personality and Social Psychology Review*, No. 2, 1998.

[183] Simpson Ruth, "Gender Mix and Organizational Fit: How Gender Imbalance at Different Levels of the Organization Impacts on Women Managers", *Women in Management Review*, Vol. 1, No. 15, 2000.

[184] Singh Val, Vinnicombe Susan, and Kumra Savita, "Women in Formal Corporate Networks: An Organisational Citizenship Perspective", *Women in Management Review*, Vol. 6, No. 21, 2006.

[185] Slater Ross, *Get better or Get Beaten*, New York: Irwin, 1994.

[186] Stamper Christina L. , Masterson Suzanne S. , "Insider or Outsider? How Employee Perceptions of Insider Status Affect Their Work Behavior", *Journal of Organizational Behavior*, Vol. 8, No. 23, 2002.

[187] Staw Barry M. , Sutton Robert I. , Macro Organizational Psychology, Murnighan J. K. Social Psychology in Organizations: Advances in Theory and Research, Englewood Cliffs, NJ: Prentice – Hall, 1993.

[188] Strauss Anselm L. Corbin Juliet M. , Grounded Theory Methodology: An Overview, In: Denzin NK, Lincoln YS (Eds.). Handbook of Qualitative Research, London, United Kingdom: Sage Publications, 1994.

[189] Stone Pamela, *Opting out: Why Women Really Quit Careers and Head Home*, Berkeley, CA: University of California Press, 2007.

[190] Sturges Jane, "What it means to Succeed: Personal Conceptions of Career Success Held by Male and Female Managers at Different Ages", *British Journal of Management*, No. 10, 1999.

[191] Sullivan Sherry E. , "The Changing Nature of Careers: A Review and Research Agenda", *Journal of Management*, Vol. 3, No. 25, 1999.

[192] Tharenou Phyllis, "Going up? Do Traits and Informal Social Processes Predict Advancing in Management?", *Academy of Management Jour-*

nal, Vol. 5, No. 44, 2005.

[193] Thomas W. H. ; Sorensen, Kelly L. ; Eby, Lillian T. ; Feldman, Daniel C. , "Predictors of Objective and Subjective Career Success: A Meta – Analysis", *Personnel Psychology*, No. 58, 2005.

[194] Tomlinson Jaulson, "Perceptions and Negotiations of the Business Case for Flexible Careers and the Integration of Part Time Work", *Women in Management Review*, Vol. 8, No. 19, 2004.

[195] Tsui Anne S. , Gutek Barbara A. , "A Role Set Analysis of Gender Differences in Performance, Affective Relationships, and Career Success of Industrial middle managers", *Academy of Management Journal*, Vol. 3, No. 27, 1984.

[196] Wharton Amy S. , "The Social Construction of Gender and Race in Organizations: A Social Identity and Group Mobilization Perspective", *Research in the Sociology of Organizations*, No. 10, 1992.

[197] White Belinda Johnson, "The Career Development of Successful Women", *Women in Management Review*, Vol. 3, No. 10, 1995.

[198] Witt L. Alan, Nye Lendell G. , "Gender and the Relationship between Perceived Fairness of Pay or Promotion and Job Satisfaction", *Journal of Applied Psychology*, No. 77, 1992.

[199] Zelechowski Deborah Dahlen, & Bilimoria Diana, "The Experience of Women Corporate Inside Directors on the Boards of Fortune 1000 Firms", *Women in Management Review*, Vol. 7, No. 18, 2003.